我哋當鋪好有情

徐振邦等

我哋當舖好有情
作者／徐振邦以及一羣80後本土青年寫作人
總編輯／黃幗坤
美術設計／Deep Workshop
出版發行／突破出版社
香港沙田亞公角山路33號突破青年村
電話：2632 0000　傳真：2632 0388
電郵：breakthrough@breakthrough.org.hk
網址：http://www.breakthrough.org.hk
http://www.btproduct.com
承印／海洋印務
2015年7月初版1刷

Our Pawn Shop Good Love
by Chui Chun Pong et al.
First Printing, First Edition, July 2015

Printed in Hong Kong
ISBN 978-988-8246-77-9

誠邀閣下就突破出版社的書籍發表意見

歡迎加入突破書籍 Facebook page — http://www.facebook.com/btbooks.page

本書採用環保油墨印刷

社會文化

目錄

代序：泰，小往大來，吉亨。

｜黃幗坤

有情飲水飽

當年我結婚，經濟捉襟見肘，原本打算在教堂行禮，之後去昆明度蜜月，已經覺得為了愛情去得很盡。但媽媽下令一定要「擺酒」。「你唔擺我擺！」說的時候眼泛淚光，語氣堅定！這句話出自數十年來慳儉持家，什麼事都逆來順受的一介小女子，非常震撼。我立刻問朋友借了她珍藏的紅色婚嫁旗袍，因為腳小，鞋無法借，就買了一雙最廉價的紅色高跟鞋。本來不打算請化妝師，立刻重金禮聘了一位。最深刻印象是，擺酒前一晚，下班時突然醒起，擺酒之後穿什麼回家？打開皮包，發現還有150元，於是孤注一擲，買了一套米色裙。

如今回想，媽媽患了「有情飲水飽後遺症」吧？爸爸媽媽結婚，三書當然少不了，六禮就欠奉，更遑論當時趕時髦的擺酒、拍結婚照。「有情飲水飽」在那個年代不是求浪漫，不是電影橋段，而是天經地義。我曾經問媽媽，你們那麼窮，為什麼還結婚？媽媽一臉茫然。顯然，我問錯了問題。窮是外在環境，情是一生一世，二者真的「九唔搭八」。媽媽，我問錯了。

「窮」是一個可以改變的事實，有所謂窮則變，變則通。也因為窮，你可以有無限的想像，一覺醒來，發現了一盞阿拉丁神燈。

當年爸爸的阿拉丁神燈就是當舖。每天擦一次，英明神武的燈神抱着胸出現眼前，「主人，你想要什麼？」爸爸抱着不會贖回的當物走入當舖，高舉過頭。二叔公問爸爸：「要當多少錢？」爸爸說出一個很卑微的數字，這個數字連繫着一個卑微的夢想，就是今天兩餐吃得飽。而且，這個夢想沒有將媽媽計算在內，媽媽得自己想辦法。有情飲水飽嘛！

《易經・泰卦》有云：「無平不陂，無往不復。艱貞無咎，勿恤其孚，於食有福。」大意是：沒有平地不會變為陡坡，沒有出去而不回來。困局誰沒有陷落？只要心中坦然，不因一時阨窮而氣短，終有一天，能享受自己勞碌得來的口飯。升斗小民沒有大靠山嗎？還有開在市井的當舖是他們隨時的幫助呢！

那麼，媽媽為什麼還有「有情飲水飽後遺症」？往事依稀，不一定確切。一年，聽說同樣貧窮的三伯父因交際手腕了得，忽然脫貧發了達，成了澳門大亨。爸爸想用拜年做藉口，去謀一份差事。他央求媽媽給他一件金飾典當，換取金錢打點行程。我們一家三口買了船票，買備一枝高級洋酒，去到澳門，大年初一摸上三伯父的門。然後，電影橋段出現了，不知道是爸爸抑或媽媽，找門鈴，手一鬆，洋酒跌在地上，呯……

棉襖換孤本

爸爸當年為求一碗飯，隨便拿「就手」的東西典當。能夠活得這樣瀟灑無疑也是一種幸福。這種幸福也不是人人都能享受。我的一位大學老師就很福薄。他個子瘦小，聲線單薄，比任何人更早穿上棉襖，比任何人更遲換上夏裳，一看便知童年家境困難，食不飽肚，一身羸弱。但他三十歲不到，滿口經綸，講到歷史，更是上通古今，任何戰役都如數家珍，獨具慧眼。他的一身學問，全靠苦學勤讀磨練出來。通宵達旦埋首書本不在話下，但凡老師的老師、書中老師提過的名著古典，他都上下求索地搜尋，古書店是他經常流連的地方。一天，天氣異常寒冷，還未有一口飯下肚的他，瑟縮着又在古書店出現，而且，被他發現了一套歷史宋刻孤本。這一發現，真是非同小可。如果不立刻購下，只怕給有眼光的人捷足先登，翻查口袋……而身上最值錢的物品，就是穿在身上禦寒的棉襖。

典當不典當，這是一個問題。但這個問題，在剎那間的掙扎中獲得解決。在孤身與孤本之間，他選擇了孤本。孤本不飽肚，不暖身。

同學們聽得目瞪口呆，忘記問棉襖最終的下落。

《易經．泰卦》有云：「內陽而外陰，內健而外順，內君子而外小人，君子道長，小人道消也。」萬物負陰抱陽，社會半明半暗，人性半善半惡。如何扭轉乾坤，否極泰來？像我爸爸安貧樂道「等運到」是幸福，卻是下策。像我老師忍受一時，謀求自身以致社會更大的願景，幸福比較遙遠，卻是上策。而扭轉乾坤的樞紐就是當舖。說得當舖很偉大，但其實是很市井、互利互惠的一種民間智慧。

泰卦卦辭：小往大來，吉亨。當舖，你說他本小利大也好，你說他聚沙成塔也無不可。總之，任何一個行業能提供小市民向上流動的機會，能使家庭和諧，這個行業就有存在的價值，是讓人感覺有出路和幸福的行業。

現在社會撕裂，爭吵不休，如果我認為解決的辦法是再生典當業，會不會覺得我反智呢？

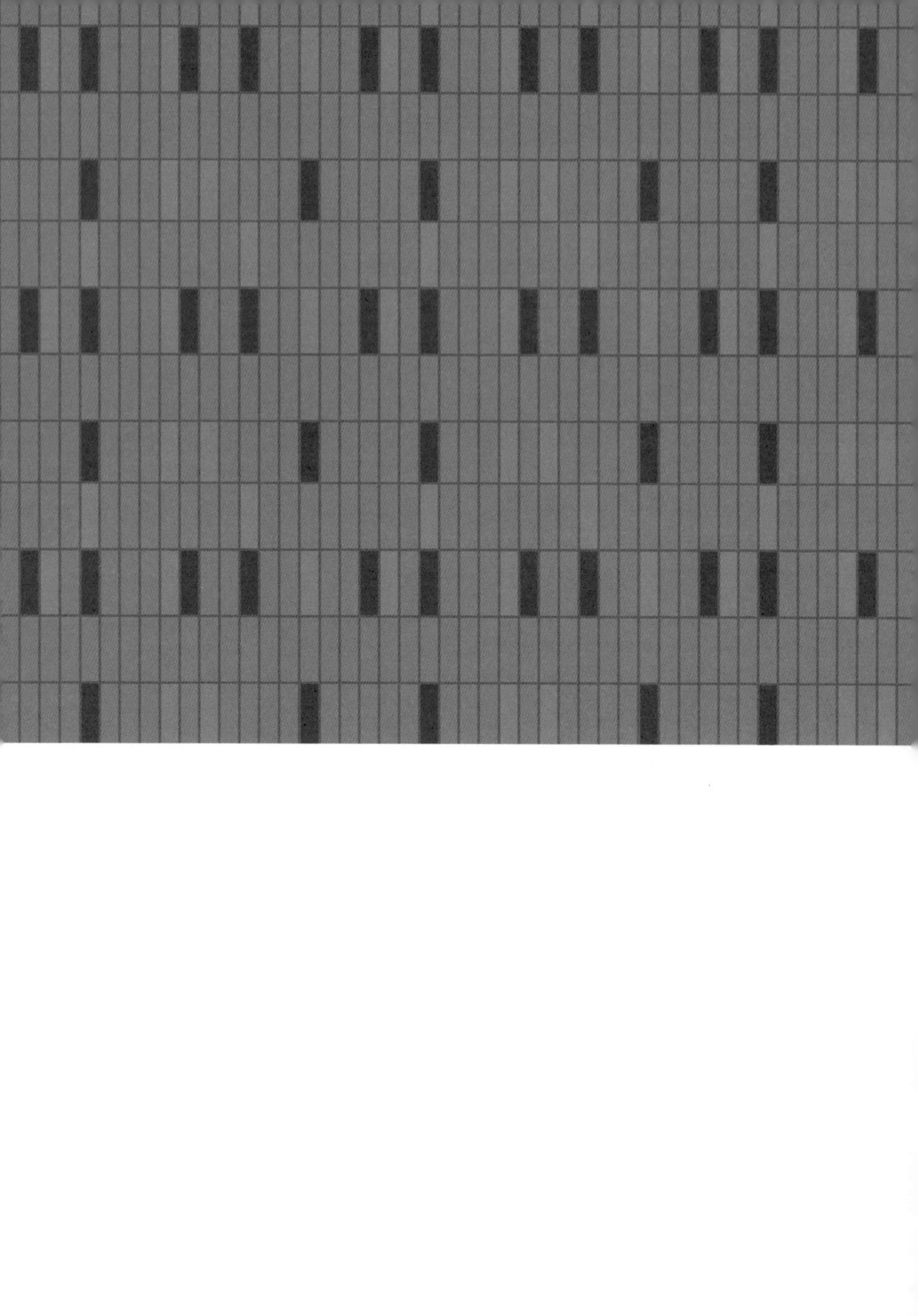

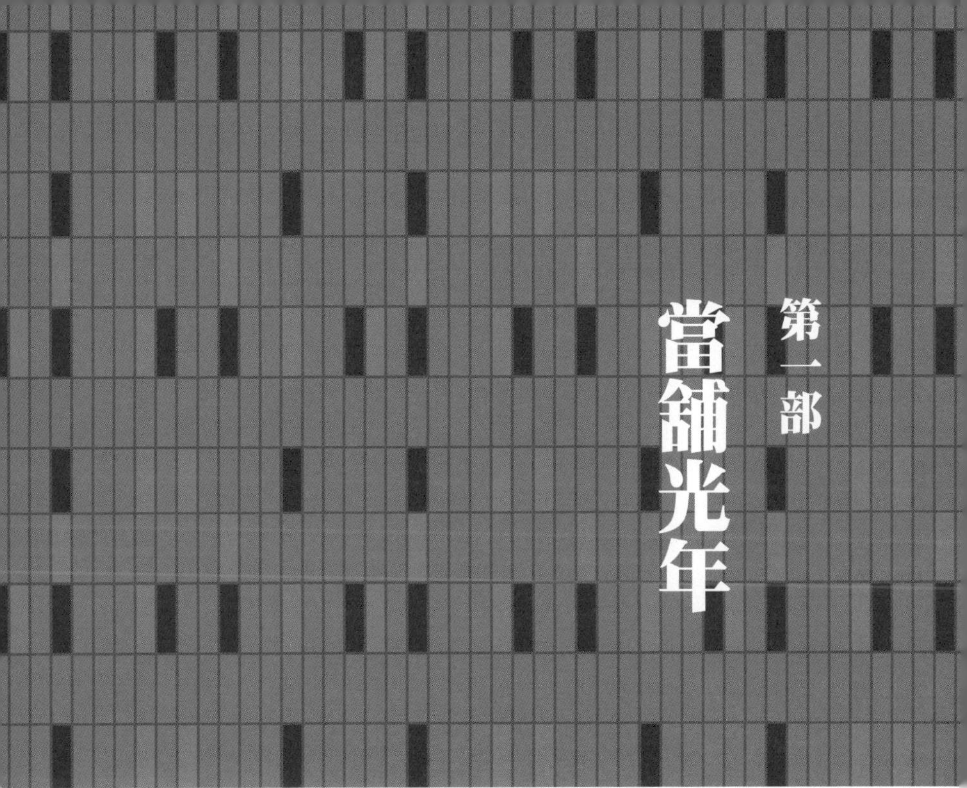

第一部 當舖光年

年度店舖：當舖

當選理由：脫貧、消弭社會矛盾、幫助向上流動、縮短M型經濟兩極單憑一張當票情，盡在不言中

1.1

當押歷史與發展

20世紀前香港的當舖

當押業是古老行業，據文獻記載，典當業萌芽於漢代，至今有逾千年的歷史。香港於何時開始有當舖，已無跡可尋，最早可見的資料是《廣東通志》的記載：「金行經紀稅銀一百両八錢。當押十六間，共稅銀八十両。田房稅契正額銀五十両。科場正額銀十六両六錢六分七厘。」換言之，在道光元年（1821）時，估計香港境內亦有一定數量的當舖。

另外，根據《香港碑銘彙編》的資料顯示，可找到的舊當舖的確不少，例如同治年間有元朗的「德盛當」；同治十一年（1872）有筲箕灣的「逢源押」、「謙源押」；光緒二年（1876）有坑口的「寶安當」；光緒十六年（1890）有油麻地的「鴻源押」；光緒二十年（1894）有上環的「均泰押」、「和安押」；光緒二十二年（1896）有大埔的「安記押」；光緒三十年（1904）有長洲的「和生押」；光緒三十四年（1908）有筲箕灣的「兆源押」；宣統二年（1910）有大澳的「日昇押」；民國二年（1913）有紅磡的「同豐押」、「均祥押」；民國三年（1914）有元朗的「晉源押」、「同發押」、「源記押」；民國五年（1916）有油麻地的「晉隆押」；民國六年（1917）有九龍城的「吉昌押」、「福昌押」；民國三十三年（1944）有筲箕灣的「利貞押」、「裕祥押」、「德祥押」等。雖然可找到的當舖資料不多，但總算知道香港在19世紀末已有不少當舖，其中，更有甚有規模的「當」，而不是現在香港僅有的「押」，或以前澳門的較大型的「按」。當時，港澳一帶的當舖可以分為「當」、「按」和「押」三種，以「當」的經營資金及規模最大及最雄厚，「按」的經營資金次之，「押」的資金最小，所以「押」是最常見的當舖類別。時至今日，省港澳三地已找不到「當」和「按」了。

現在，在元朗舊墟仍有一間舊當舖遺址，是可考最古老的當舖。這間當舖位於長盛街72號，叫「晉源押」，由已故元朗鄉紳鄧佩瓊的先父鄧廉明所創立，約建於清朝道光年間，至今有二百多年歷史。雖然晉源押於戰後已停止營業，但建築物仍保留着原來的面貌，甚有歷史價值，已被古物古蹟辦事處列為一級歷史建築。

戰前香港當押業的情況

在英國管治初期，並沒有規定當舖要申領牌照，直到1926年，香港政府才頒佈典當法例，正式受到當押業條例的規管。在條例生效之下，香港首間「合法」的當舖在西環水街開業。

1930年代，香港市民的生活環境差，許多市民在典當物品後沒有贖回，而流當品又不易出售，令不少當舖結業，據當時的報道，估計由原來的一百五十多間，剩下只有九十餘間。此外，在1932年，政府提高當舖牌照費，令當舖加重了經濟負擔，面臨倒閉的危機。在這個艱難時期，富商李右泉（1861-1940）收購了香港近八成當舖，令李氏成為當時的「香港當舖大王」。李右泉是在當舖出身的學徒，由於他勤奮好學，得到掌櫃的歡心，教他在當舖的實務知識，後來，他自立門戶，到了1930年代，藉着部分當舖有生存危機，獨力注資收購大部分當舖，成為典當業的大紅人。

李右泉前後經營當舖逾半個世紀，由他來總結19世紀末到1930年代香港當舖的情況，是最合適的人選。1933年，有一篇題為〈李右泉口中之當押業近況〉，李氏在訪問中表示：「謂欲明今日當業之情形，須回溯原始當業之狀況。半世紀以前，本港當店只有四十二家，故營業俱能獲利，遞至散牌後，亦不過加多二十餘家；即民國後，全埠當押亦只有七十七家而已，故營業仍能保持其生利之道。唯至歐戰時，因外匯高漲之結果，金山華商紛紛將款匯回，既聚此偌大金錢，遂不能不有所企業，當押在平常一般人既認為穩固生利之業，故無不唯利之是圖。新開當押，竟增至一百四十餘家之多，粥少僧多，遂不能不互相競爭，以維營業，入價遂比前高貴，而賣價則適得其反，故成今日之現狀⋯⋯」。（《天光報》1933年12月29日）由此可知，據李右泉的說法，當時是當舖發展蓬勃的時期，但當舖之間同時亦存在激烈的競爭。

二次大戰期間，香港百業蕭條，典當業亦受到嚴重的影響。在這段期間，由於市民對故衣（二手衣物）的需求很大，故衣店的生意很好，有些當舖與故衣店合作，將屬於流當品的故衣，送到故衣店出售而獲利，成為當時其中一個主要的生存之道。當時，故衣可以售給香港有需要的人，也可以轉運到內地圖利。

戰後香港當舖的情況

香港重光後，當押業開始蓬勃起來。1947年，港九押業商會正式成立，共有十一個會員加入，到了現在，大部分經營當舖的人都會加入商會，至今約有二百間當舖會員。有說，香港典當業最興旺的年代，就是1949年至1960年的一段時期，幾乎所有主要的街道都可以找到當舖。

事實上，生活條件差並不一定會為當舖帶來利潤，在戰後亦出現過這種情況，香港的當舖仍要面對結業風潮。當時，普遍市民的收入低，最初還可以典當價值高的物件，其後只能典當平價的衣服、雜件等，最後，能當的物件已經當盡。這樣的話，當舖的生意額自然減少了。另外，典當物品而沒有能力贖回的人愈來愈多，就算流當物作二手貨物售出，也不一定能賣得好價錢，於是，當舖的資金出現了周轉困難。

在這段期間，除了李右泉外，還有高可寧（1878-1955）涉足典當事業。高可寧曾與李右泉合作聯辦當舖，後來他在澳門開拓市場，在澳門開立了不少當舖。自此，高可寧成為繼李右泉之後，能夠在典當業大展拳腳，並在港澳以至東南亞等地成立多間當舖，是新一代的「當舖大王」。

到了1950年代末，約有一百六十多間當舖，以李右泉和高可寧兩個家族所經營的當舖數目佔最多：「戰前有個『當舖大王』李某，在港獨營三十多間當舖。現在的高某和李某，也各擁有當舖廿多間」（《香港工商日報》1958年5月28日）。

1967年，香港社會不穩定，當舖亦受到影響。除了將原定晚上八時收市，提早於七時收市（現在已沒有規定收市時間），報紙的報道更指出：「（當時）押入物品，斷當者不少，其中以手錶及服裝尤為顯著。蓋一般心理，在此時局中，多不崇尚豪華享受。比如說，原配戴千元之名貴手錶，典當以後退而思其次，另行購買數百元之新手錶，故意不予取贖，又如原日配戴二三百元者，典當以後，亦可能改買百餘元者。此種情況之改變，以地區不同而互異，平均而言，一般減少百分之三十三。但是，金飾之典當及取贖情況則並無若何變更」（《華僑日報》1967年9月12日）。由此可知，在經濟環境不好的時候，當舖的確能幫助不少有困難的人渡過難關，但亦有不少人透過當舖典當貴重的物品，減低消費。長此下去，當舖只會收到愈來愈多流當品，要是當舖出現周轉不靈，就會有結業的危機。

1960年代，當舖經常收到的當押品是原子粒收音機、手錶、水筆、金飾、家庭電器，至於較殘舊的衣服，多數當舖都不願意接受。

對於當舖收押賊贓的問題，的確是很難解決。有些當舖的「二叔公」在收到有懷疑的抵押品時，會佯稱押入貨品，然後暗中報警，將懷疑典當賊贓的人，繩之於法。不過，要是遇到不誠實的當舖，為了得到利潤，也會接受賊贓。到了1970年代，政府加入條文，以解決典當業處理賊贓的問題，立例規定典當的人必須出示身份證及報上住址，才可以完成交易。這樣做雖然可以保障當舖及典當者不受賊贓的問題所困擾，但手續上的不方便，也影響了當舖的生意。另外，亦有規定典當的人必須年滿十七歲，較以往只須十四歲就可以進行典當的情況不同。

1980年代，政府再次修訂當押業法案，確定只有因當押業人士違約、疏忽或濫用職權而引致的損失，才可以得到賠償，而賠償額最高由原來1970年所訂的五千元，增加至二萬五千元。同時，亦確定了當舖的最高利率為農曆月息的三厘半，以取代原來因特別種類物品，而採用不同利率的計算方式。

現在香港當舖的情況

隨着香港經濟的發展，市民由典當衣服、棉被變成金銀珠寶、名牌手錶，甚至是電子產品；加上信用咭的誕生，為市民提供了借貸上的方便，典當業的生意亦開始減少。新興的財務機構與當舖構成了競爭，為當舖帶來不少衝擊。

為了加強競爭能力，增加當舖營運資本，已不是昔日李右泉和高可寧的方法，而是採用上市集資的方式。首間以當押業上市的公司，是靄華押業信貸（1319）。靄華首間當舖位於旺角，到現在已發展到擁有十二間當舖（中環有兩間，九龍有一間，新界有八間）。或許，靄華就是新一代的「當舖大王」。

此外，當舖積極開拓外籍家庭傭工為新客源，希望能在外傭身上得到豐厚的利潤，算是二十一新世紀，當舖發展的新途徑。

1.2

香港最古老的當舖

／元朗晉源押／

| 黃競聰 |

晉源押是現存最早期香港當押建築之一，位於元朗舊墟，現評為一級歷史建築物。元朗舊墟是元朗第二代墟市[2]，由錦田鄧文蔚倡建，墟內有三條主要街道，分別是利益街、長盛街和酒街。從前，每月逢三、六、九日為墟期，鄰近鄉民紛紛運送農產品到墟市販賣，並從墟市購回日用品。[3]每逢墟期必然人頭湧湧，熱鬧非常；當商旅採購貨品現金不足，每每在就近當押店貸款周轉，促進當押業在墟市的發展。

晉源押與鄧佩瓊

晉源押創辦人鄧廉明是元朗廈村人，初期於廣州和香港經營食油致富，後開始涉足當押生意。鄧廉明開設的第一間當押店，位於元朗舊墟利益街，直到1910年代才遷往長盛街72號現址。晉源押開業初期，不限墟期營業，可見客人不獨是「趁墟」的商旅，亦可推測當時元朗經濟何其繁榮。

鄧佩瓊為鄧廉明長子[4]，1912年，鄧佩瓊接手打理當押店，由

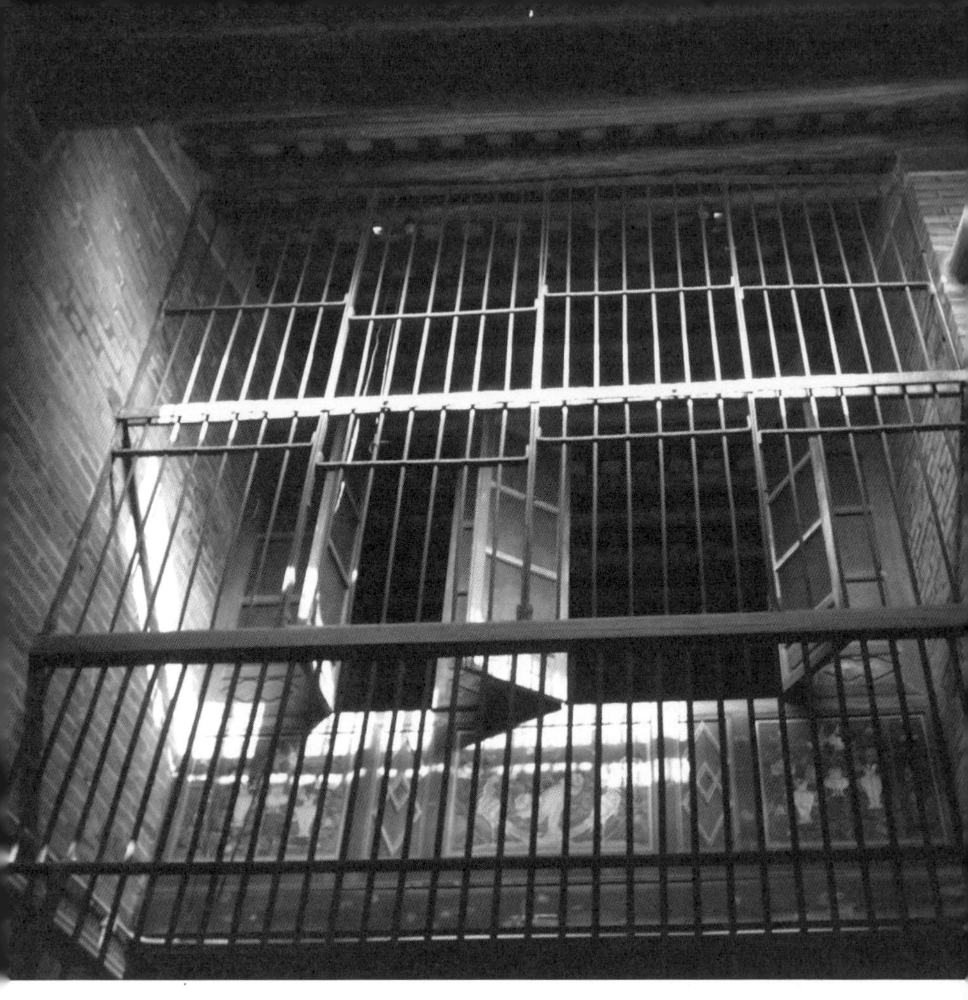

於經營有道，1941年在元朗新墟合發街增辦藉誠大押，並擴展經營米機行。不久，香港淪陷，戰火無情，整個元朗墟市停業，晉源押也被迫結束營業。二次大戰後，晉源押整體保持完好，改作住宅用途，鄧佩瓊與子女長居於此。鄧佩瓊一生樂善好施，深得其父真傳，鄧廉明是博愛醫院的倡建者，而鄧佩瓊曾擔任數屆博愛醫院董事副主席。[5]據鄧佩瓊四子鄧英喜回憶，鄧佩瓊為人節儉，晉源押傢俬陳設數十年如一日，舊物現已變成文物古董。

晉源押建築形制與佈置

晉源押是典型廣東式當押建築。正門是木製趟櫳，門額刻有「晉源押」三字，門前舊有一對門聯，書有「晉饒萬寶、源匯百川」，現已不知所蹤。地基用三層麻石舖砌，堅固防水，顯示興建者的財力。如一般傳統民居不用石基，遇上下雨潮濕天氣，容易出現滲水問題。整座建築多以上等青磚建造，它們均經過打磨工序，外層變得平滑，用順丁砌法層層舖上，磚與磚之間的裂縫明顯幼細。

當押店的大門入口處例必擺設屏風，又名「遮醜板」，功能如中式民居大門前的擋中，阻擋途人的視線。要知道當戶大抵一時經濟周轉不靈，或是生活艱難，迫於無奈抵押自己的財物，怎也算不上是值得炫耀的事情，「遮醜板」的設計就能避免當戶尷尬，保障私隱。正常來說，經營生意之道應待客至上，舖內佈置亦以顧客為先。當押店的櫃台則有違此道，櫃台高高在上，裝上鐵枝，當戶需提高典當物給「朝奉」[6]鑒定估價。此設計無疑基於防盜考慮；更重要的是，有助給予當戶無形的心理壓力，「朝奉」主導抵押品的價格，爭取更多的利潤。櫃檯後面便是賬房，當舖職員為抵押品進行登記和包裹，然後存放於貨樓。

晉源押旁設有保險貯物庫，俗稱貨樓，用作儲存典當貨品。此類建築依照碉樓型制，鄉村多作防衛住宅的用途。按蕭國健教授的研究，炮樓的造型分為直桶樓、拖樓、炮樓院和四角樓等。晉源押貨樓屬於炮樓院[7]，樓高兩層，裝有四面闊槍孔。[8]樓內設有鐵製大夾萬，用作存放貴重飾物外，各樓層置有多層式木貨架，方便存放不同類型的典當貨物。[9]晉源押與貨樓之間有一個小型天井，四圍窗外加置鐵枝，以防盜賊潛入。

吉祥裝飾與當押店

顧名思義，吉祥裝飾的功能是裝飾建築物，按圖案之形態和特性，通過諧音、比擬、暗喻、明喻、象徵等方式，表達吉祥意思。蝙蝠是香港中式建築常見的吉祥裝飾。蝙蝠取諧音福，如塗上紅色，寓意鴻福齊天。蝙蝠裝飾會倒懸於牆身，意謂福到。吉祥裝飾之間互相配搭，喻意亦隨之改變。若蝙蝠口含金錢，又稱蝠鼠吊金錢，意思是福在眼前。傳統以來，吉祥裝飾的設計沒有太大限制，裝飾之差別往往配合建築物的用途，彰顯建築物功用和個性。香港當押店亦常用蝙蝠和金錢組成的吉祥裝飾，意思卻另有深意。蝠與複同音，取有複利之意。從前，典當物件，先扣除首期利息，待贖回物件又再付利息。如當押店能不斷收取利息，自然財源滾滾。可惜的是，晉源押懸掛一塊蝠鼠吊金錢招牌，今已棄置一角。

結語

早前，晉源押重修後重門深鎖，遊人一般只能考察它的外部建築，殊感可惜。不過，香港歷史博物館的常設展覽「香港故事」，當中展區六「香港開埠及早年發展」有當押店的佈景，其內部格局和陳設仿照元朗舊墟的「晉源押」。或者，可到澳門參觀典當業展示館，它由一間有近百年歷史當舖德成按改建而成，從中能一窺當押店的內部陳設佈置。

1. 黃競聰，現職長春社文化古蹟資源中心副執行總監，著有《香港華人生活變遷》（合著）、《風俗通通識》，主編《香港歷史與社會講座文集》、《風俗演義》，並發表多篇論文。
2. 第一代元朗墟為大橋墪墟，又稱圓朗墟，因遷界而荒廢。第三代元朗墟建於1915年，又稱元朗新墟，位於舊墟對岸，於1984年拆卸，舊貌全失。
3. 為公平起見，設有公秤制度，每次使用需抽秤金，收益歸錦田鄧氏所有。
4. 鄧佩瓊生於光緒十八年(1892)，曾任新界鄉議局常務議員及副主席，1978年去世，享年八十七歲。
5. 鄧佩瓊為元朗貢獻良多，曾支持興建元朗公立中學、元朗商會小學和博愛醫院重建項目等。1956年獲委任為太平紳士。
6. 「朝奉」即當舖的掌櫃，負責鑒定抵押品的價值，決定價目，通常由富有經驗人士充任。
7. 蕭國健：《香港新界之歷史與文物》，(香港：顯朝書室，2010)，頁34至43。
8. 除此以外，現存新界炮樓院五座，分別是元朗下白泥炮樓、上水松柏塱客家圍更樓、錦田鄧伯裘故居、大嶼山梅窩涌口袁氏炮樓和大埔頭水圍門樓。
9. 為節省空間，兩架之間僅容一人通過。

鳴謝蘇萬興先生借出照片。

1.3

澳門典當業展示館

德成按／

在高可寧所擁有的眾多當舖中，以位於澳門的「德成按」最有名。

1917年，高可寧與商人黃孔山合資三萬六千銀元，買下爐石塘街中段一幅大地皮，並以高氏發迹的攤館「德成公司」的寶號命名，興建了澳門最大的當舖——德成按。高可寧選用這名的用意是：「德成」能夠成為賭業之冠，也要將「德成」成為典當業的楚翹。

另外，與德成按相連的店舖，是「富衡銀號」。富衡銀號主要出售德成按所收回來而斷當的物品，包括珠寶金器、古董、皮草，以及各式洋貨。事實上，這種經營典當生意，以及出售押品的合作經營模式，至今仍是不變。

到了抗戰期間，德成按為市民及流亡到澳門的難民，提供了借貸上的方便，這是德成按的全盛時期。自此，經過一段長時間，當舖的生意依然有豐厚的利

潤。

德成按是「大按」，比「大押」的規模要大。現在所見的德成按仍保留着原來的建築。前面的建築是三層高的當舖，後面建有七層高的貨樓，兩座建築之間是一條長形的小巷，還有與當舖相連的銀號，共四個部分，就成為今日所見的德成按的建築規模。為了保護押品，貨樓的建築結構堅固，以德成按為例，其高達二十二米的貨樓，建成如碉樓一樣，牆身用花崗石砌成，還隔有鋼板；每層貨樓設有「槍眼」作為監視和防盜之用。至於貨樓內，除了設有大夾萬貯存貴重押品外，其餘的地方是放置多層貨架，用來存放典當的貨物。

然而，自1980年代起，澳門經濟開始快速發展，人們的生活水平得到改善，加上銀行業的興起，對典當業構成壓力，許多當舖相繼結業，德成按亦不能倖免，並於1993年結束營業。

德成按結業後，建築物長期空置。由於德成按是澳門當舖建築結構中，保存得較為完整，內部陳設仍保留着民初時期，中國當舖的基本模式，是值得保留的歷史建築。2000年，擁有德成按及富衡銀號的業主申請將樓宇改建，澳門文化局遂於2001年，與德成按的業主達成協議，計劃出資一百四十萬澳幣，將德成按整體建築進行翻新工程，以保存澳門本身特有的歷史文化，並改建為「典當業展示館」。展示館於2003年3月21日揭幕，成為澳門首間由政府與民間合作的行業博物館。

典當業展示館分當樓和貨樓兩部分構築，當樓展示了昔日的典當工具、票據等物件，對認識當舖的操作模式、典當流程很有幫助。至於貨樓則只開放兩層，讓參觀者知悉昔日當舖存放貴重押品與一般押品，是一個怎麼樣的地方。

2004年9月，德成按榮獲「聯合國教科文組織亞太文化遺產保護獎」的嘉許獎。根據澳門新聞局所提供的資料顯示，獎項所獲得的評價是：德成按的維修計劃不止回復了文物面 ，更使現今的人了解該建築物的功能；除了修葺其建築設計及架構外，還保存了典當記錄的工具，以及典當業當時的經營方式，並以「典當業展示館」的形式開放供遊人參觀。這種文物再利用的方案切合社會的需求，是一項前瞻性的計劃，不但使得「德成按」重新成為澳門的文化遺產地標，同時也發揮了影響作用，使人們重視其他同類型文物的保護。評審委員會還指出，「德成按」在華南地區扮演着重要的角色，向人們展示了過去的生活方式，也反映了珠三角地區當時的社會經濟發展情況。保護「德成按」使區域文化得以延續，是一項重大的貢獻。

典當業展示館（德成按）

地址：新馬路396號

電話：(853)28357911

傳真：(853)28358503

開放時間：上午10時30分至下午7時，於每月首周一休館。

票價：澳門幣5元（65歲以上的澳門居民，或學校和社團集體組織參觀，則可免費入場）

除了德成按外，澳門還可以找到一些與高可寧有關的痕迹。

位於庇山耶街的「同善堂歷史檔案陳列館」，收藏了不少關於高可寧的資料。其中，在陳列館內的花園，有一尊高可寧的半身銅像，銅像下的石柱，還刻有於1939年，由清賜進士及第頭品頂戴南書房行走翰林院編修朱汝珍所寫的〈高可寧先生像贊並序〉；而在陳列館內，還供奉着高可寧先生的長生祿位。要了解高可寧先生的事蹟，可以預約參觀「同善堂歷史檔案陳列館」。

位於澳門水坑尾街165號的舊式大宅，就是高可寧在澳門的居所。大宅於1916年購入後，曾進行拆建工程，成為現在樓高三層的建築物。建築物最大的特點是糅合了中西風格：外觀是西式的，但內部的裝潢卻是中式的。建築物同樣成為澳門受保護的文物之一，但大宅並不對外開放。

澳門還有一條街道名為「高可寧紳士街」，就是紀念高可寧而命名的街道。澳門有不少街名是以名人命名的，但以華人為名的街道，卻屬少數。高可寧以華人身分得到澳門街道的命名權，可想而知，高可寧在澳門的地位。

高可寧紳士街，東北起自竹室正街與灰爐斜巷交界處，西南止於竹仔室斜巷、聖珊澤馬路和衣灣斜巷交匯處。高可寧紳士街原名為鑄炮斜路、竹仔室橫街。1937年，澳葡當局對這一帶重新美化整治，將竹仔室村全部夷為平地，貧民遷走，包括澳門中華總商會會長高可寧在內的許多華人富商名流開始在此興建住宅。直到高可寧逝世後，澳門政府於1955年將街名正名為「高可寧紳士街」，以表揚他對澳門的貢獻。

同善堂

1.4

廣州典當博物館

東平／／大押

早於清朝，廣州有逾四百間當舖，出現了「當舖多過米舖」的俗語，其中六大當舖成為廣州的地標，包括平和大押、寶德大押、迪吉大押、昌興大押、寶生大押和東平大押，而在這六大當舖中，規模最大的首三間當舖，依次是約建於1929年的平和大押（又稱北當舖），位於越秀區的東平大押（又稱東當舖）和位於荔灣區的寶生大押（又稱西當舖），而東平大押和寶生大押同樣是清朝的建築。

這三間當舖雖然已經結束營業，但當舖的建築仍在，是廣

州重要的歷史建築物。平和大押已改建成「白雲區民俗文化博物館」，東平大押改建為「廣州市東平典當博物館」，至於寶生大押在修葺後，並沒有開放給市民參觀。換言之，要了解廣州區的當舖，就要到東平大押了。

有逾百年歷史的東平大押，位於中山四路和越秀中路交界，早於1934年4月結業，1970年代被改成一間工廠的員工宿舍，1999年被定為廣州市級文物，直到2008年，越秀區耗資近一百八十萬人民幣為當舖進行重修工程，並於2010年開放成內地首間典當博物館。這間曾是廣州第二大的當舖，是廣州的地標，現在更是廣州少數仍屹立不倒的老店舖。由於許多廣州人對當舖留有感情，於博物館開幕時，幾乎每天都有逾千人參觀的記錄。

東平大押以青磚建成，建築物的外貌呈碉樓式設計，是當舖的倉庫樓，屬於典型當舖的高度設防的建築風格，以防止賊人光顧。建築物的建築面積約為四百平方米，但建築物已有逾百年的歷史，為了要保護這座歷史建築，館內同時間只能容許三十人參觀。

當舖正門是一塊「遮醜板」，遮醜板後就是櫃台，還設有堅固的鐵欄。博物館四周仍保留着昔日當舖年代留下來的物件，包括當舖的行規及員工守則等，其中有一張寫着「四不當」的通告，上面寫着：「神袍戲衣不當，旗鑼傘扇不當，皮貨無袱不當，低潮手飾不當」。

東平大押樓高四層，除了最高的一層不作開放外，其餘三層均可參觀。雖然建築物內部曾被改裝，但經過還原後，仍可看到昔日當舖的面貌。離開當廳，進入當舖內部，就是當舖工作的地方，放置了當時當舖的情境。二樓展示了大量近代典當業的文物，如試金石、舊當票、珍貴的歷史圖片，是具有歷史價值的資料庫。至於三樓是出售紀念品的店舖。

要了解廣州當舖的歷史，以及認識清朝第二大當舖的模樣，「廣州市東平典當博物館」是值得參觀的地方。

廣州市東平典當博物館

地址：廣州市越秀區中山四路1號

電話：（86）2062728899

開放時間：上午9時30分至中午12時，下午1時30分至4時30分
另博物館逢周一休館

入場費：免費

交通：廣州地鐵站農講所站下車

1.5 香港活化建築／和昌大押／

位於灣仔莊士敦道60至66號，四幢相連的舊式唐樓，外牆掛上了有英文店名The Pawn的招牌，這種糅合了中西風格的特色產物，不僅沒有半點格格不入，反而有一種調和的美感。

唐樓建築是舊香港常見的建築風格，這類建築本來就有很多，但隨着市區不斷發展，戰前的舊樓已經愈來愈少，而四幢相連的陽台長廊式樓宇，連成一排，更是非常罕見。有見及此，這四幢舊式建築最終逃過被清拆的命運，並安排進行活化工程。

2003年，和昌大押一連四幢舊式唐樓，以及船街18號的商住樓宇，由市區重建局以二千五百多萬元購入，開展了「莊士敦道項目」。當年，受影響的店舖除了66號的和昌大押外，還有64號的「余氏宗親會」和在地舖營業的「均記雀鳥店」；62號地舖的「永興百貨商店」（其後是「香港時裝」）和二樓的「淑女髮廊」；還有60號的「東區美容院」和平價衣物店。

活化後的建築物，從外觀上沒有太大的轉變，只是外牆翻新了，以及變成了The Pawn的主題店舖。從字的意思來說，The Pawn就是當舖（香港大部分當舖都用Pawn Shop，有小部分用

THE PAWN

Pawnbroker，兩者都是用了Pawn這個字）；而The Pawn的標誌，就是以梅花勾勒而成，與當舖「蝠鼠含金錢」的典型圖案很相像，加上唐樓的外牆仍有「和昌大押」四個字的灰塑，很容易令人聯想到這裏就是一間當舖。這個灰塑，不是新造的裝飾品；The Pawn的前身真的是當舖，和昌大押正是當舖的名字。

1966年，從事典當業的羅肇唐，購下莊士敦道66號，開辦和昌大押。莊士敦道66號，原建於1888年，直到羅氏家族購入物業後，才經營當舖，直至2003年被收購為止。建築物被收購了，但和昌大押並沒有因市區重建而結束營業，只是搬到大王東街的地舖繼續經營，新舖與舊舖只是一街之隔，不過，店舖面積由原來的三層變成地下一層而已。

2007年，市區重建局耗資逾一千五百萬元完成收復及翻新工程，建築物活化後，四幢連成一體的建築物，地下的店舖改成售賣傳統食品和古玩的生活用品店，而樓上三層則改裝成英式酒吧及餐廳The Pawn。現在，物業權由市建局與嘉華國際集團共同擁有。

The Pawn共有三層，三層均有不同主題：一樓是客廳（Living Room），二樓是飯廳（Dining Room），三樓則是屋頂花園（Rooftop Garden）。一樓的陳設是一個客廳格調，有沙發、有懷舊家具，還

THE PAWN
THE PAWN

提供各類英式小吃，如薯條、雞蛋等，讓食客如置身在客廳一樣舒適自然。二樓是飯廳，設有開放式廚房，也有多款西餐供食客選擇，而最吸引人的，是可以選擇露台的座位，邊吃邊欣賞灣仔區的風光，可謂別有一番風味。至於頂樓則是酒吧，原是讓客人飲酒談天的地方。唯一可惜的，為了安全起見，天台變了不對外開放的天台花園。The Pawn的設計獨特，是來自著名藝術家又一山人（黃炳培）的作品。

雖然The Pawn只留有一些與當舖有關的照片和擺設，已看不到原來和昌大押的面貌，但身處這座由當舖活化而成的餐廳，也算是感受到當舖的氣氛。

和昌
押

1.6

香港當舖痕迹

／同昌大押／

赤柱沒有當舖？但到過赤柱遊覽的人，或許留有點能與當舖扯上關係的模糊記憶。的而且確，赤柱有已成為歷史陳迹的當舖建築物殘件——「同昌大押」的石柱。

赤柱，在不知不覺間，成為了舊式建築物重建的地方。已成為新地標之一的美利樓，就是舊建築重建的最佳代表作品。首先是由中環搬到赤柱的美利樓；然後是由中環搬來的摩士公園；最後是於2006年「定居」赤柱的卜公碼頭；當然，還有幾根印有「同昌大押」的石柱，矗立在美利樓的旁邊。這些來自不同地區的舊建築物，都成為了赤柱的新景點。

同昌大押
同昌大押

同昌大押

到過赤柱遊覽的人，可能都抱有這樣的疑問：究竟同昌大押的石柱是否真的是歷史文物？原來的同昌大押又位於什麼地方？

其實，同昌大押原位於亞皆老街37號，是一間典型樓高三層的古老當舖。

由於同昌大押處於「亞皆老街／上海街」的重建項目地段，當舖連同附近的舊樓，以及俗稱「雀仔街」的部分康樂街，於1990年代全部拆卸，變成今天所見的朗豪坊。

在重建砵蘭街、上海街與康樂街時，有不少舊式的建築物都要拆除，其中，以同昌大押的建築最具特色。同昌大押是舊式唐樓式建築，是重建區內的特色店舖之一。然而，當時未有保留或活化歷史建築的概念，對於在重建區內的建築物，難免以徹底清除的方式，清理區內的物件。

在這個重建區內，唯一能保留下來的，就是同昌大押的幾根石柱。這幾根石柱，原本有着支撐着騎樓的作用，也代表了重建區特色建築物。2007年，刻有同昌大押字樣的石柱決定安置在美利旁的旁邊，讓遊覽赤柱的人，可以認識唐樓的建築特色。就是這樣，赤柱保留了典當業其中一間老店的部分歷史建築物，也算是為建築物進行了文物保育工作。

雖然同昌大押沒有像美利樓和卜公碼頭般幸運，幾乎可以完全重置，但同昌大押仍能保留幾根石柱，算是不幸中之大幸。無論如何，同昌大押的石柱總算找到落腳點，成為移居赤柱的舊式建築的其中一份子，也算是不錯的安排。

已成為歷史建築的當舖……

元朗區晉源押

約建於1910年代，於2009年12月18日確定為一級歷史建築物

深水埗區南昌大押

約建於1930年代，於2010年12月21日確定為三級歷史建築物

灣仔區舊和昌大押（已活化成The Pawn）

約建於1920年代，於2009年12月18日確定為二級歷史建築物

另外，還有幾幢單幢式當舖屬戰前的建築物，但仍未被評級，因此未能成為歷史建築物。這幾間當舖分別是：

深水埗區恒貞大押（已結業）

油尖旺區德生大押

中西區德永大押

灣仔區振安大押

灣仔區德興大押（大部分面積已變成模型店）

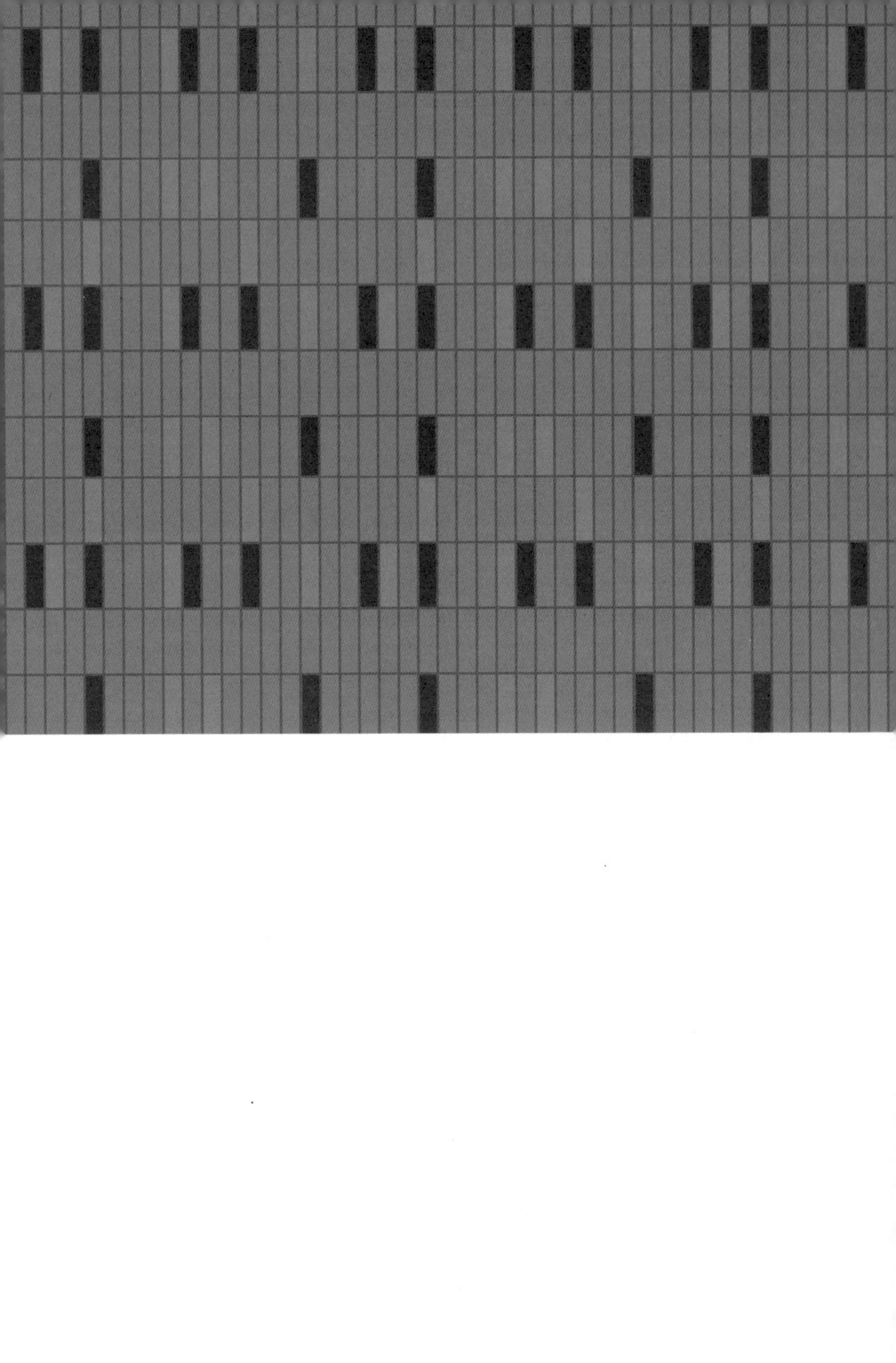

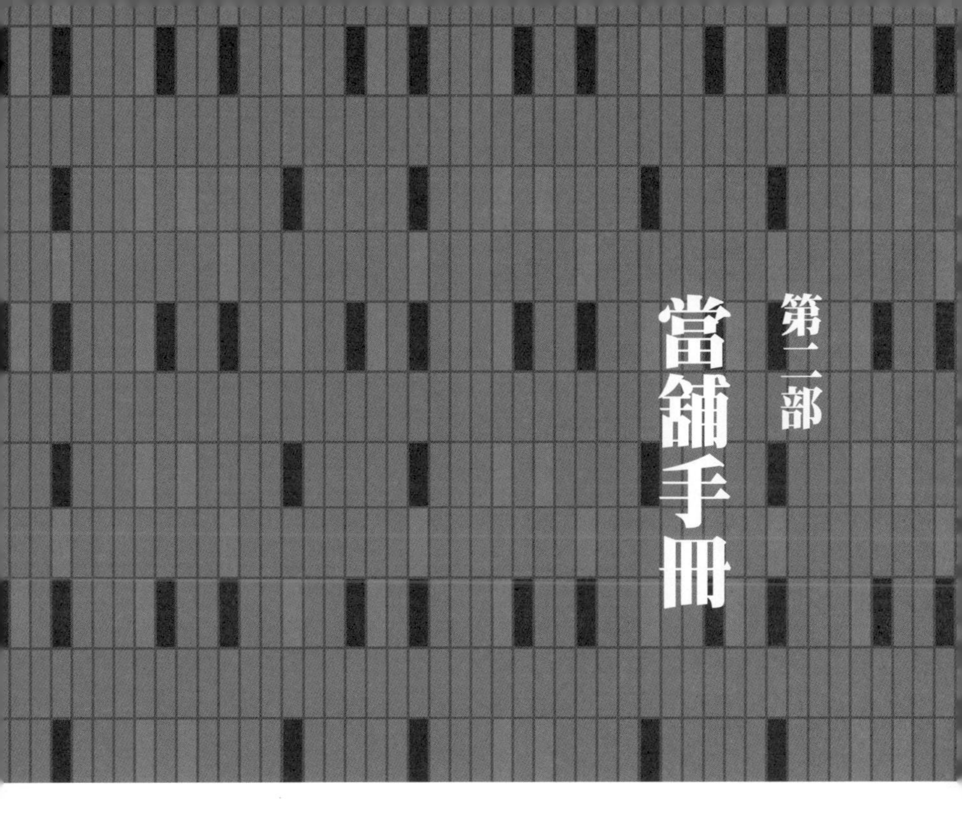

第二部

當舖手冊

當舖數字

- 根據《廣東通志》記載，清道光元年（1821年），香港有16間當舖，那一年向清廷納稅共銀八十兩。
- 1932年世界性經濟危機威脅全球，當舖大王李右泉卻乘機進行收購兼併，結果擁有全港80%的當舖股權。
- 全港約有200間當舖分散在各區，以油尖旺區的數目最多，而離島區已沒有當舖了。
- 港九押業商會是香港唯一的當舖商會，除了有聯誼活動外，亦會協助與當舖有關的糾紛，香港大部分當舖都會加入商會，成為會員。
- 當舖多數分散在不同的位置，比較集中開業的，有上水的石湖墟，在墟的範圍已有7間當舖；屯門新墟一帶有6間當舖，而荃灣鬧市區也有8間當舖。
- 香港第一間上市當舖為「靄華押業信貸」，股票編號1319。隨着「靄華押業信貸」上市，予人神秘行業感覺的當舖面紗揭開，招股書上指出貸款客戶，當地居民佔70%，外傭佔25%，其餘5%是內地人。

港九押業商會會員證

茲據
永生押 寶號
自願遵守本會會章
加入本會為
會員特發給會員證
書以資證明

理事長顧思聰
副理事長

一九八三年十一月六日

- 從前少年滿14歲可入當舖。1970年代開始，香港法例規定，居民要年滿17歲才可入當舖典當。
- 1980年代修訂當押業法例，如因當舖過錯而引致物主損失，最高賠償為25,000元，而在1970年代則為5,000港元。
- 當舖運作的口訣是「九出十三歸」，即借銀為當物的90%，而贖回的利息是30%。這近乎欺壓和高利貸，1920年代開始的法例已予取締。1984年香港政府頒行新的《當押商條例》，所有利息與當期都予以規限，一經違例定罪，最高罰款10萬元及監禁兩年，嚴重違規甚至會吊銷牌照。
- 有時當舖接受了賊贓，證物要歸還事主，又要避免當舖血本無歸，在法庭完結案件後，一般都會判當舖與物主「五五分賬」。亦有法庭判當舖支付訟費的案例。

2.2

里程碑

- 現代意義上的當舖出現於南朝，至宋代成為獨立專門行業。范文瀾於《中國通史簡編》說：「後世典當業，從南朝佛寺開始」。
- 1926年，英國殖民地政府規定當舖要申領牌照，由於牌照費用昂貴，當時引起業界強烈反對。在條例生效之後首間申領牌照經營當舖的位於西環水街。
- 1947年，「港九押業商會」正式成立，當時有11個當舖商加入為為會員，至今會員當舖有200間。
- 第二世界大戰後，由於故衣需求甚殷，為當舖業帶來致當的黃金機會。到了今天，當舖業得以興旺，則有賴澳門賭場林立，不少賭客拿手錶典當。製造了當舖業的第二個黃金機會，現在不少當舖也連帶經營鐘錶業。
- 澳門政府於1955年將原名「鑄炮斜路、竹仔室橫街」正名為「高可寧紳士街」，記念當舖大王對澳門的貢獻。澳門不少街道以人命名，但以華人為名的，寥寥無幾。
- 中國人怕孩子養不大，有「當仔」的習慣，寓意兒子有二叔公「睇住」。隨着舊社會風貌退色，八十年代開始，已沒有人「當仔」。
- 1993年，曲彥斌著有《中國典當史》，是中國第一部典當史專書。

- 2004年，「典當業展示館」、即前身「德成押」獲「聯合國教科文組織亞太文化遺產保護獎」，嘉許其「回復文物面貌之餘，還他存了典當記錄的工具，以及典當業當時的經營方式」。
- 位於砵蘭街的「同昌大押」最具舊式唐樓特色，但由於當時沒有活化歷史建築概念。當該區劃入重建計劃時便予以清拆。留下的只是幾根用以支撐「騎樓」的石柱。2007年搬往赤柱，豎立在美利根旁。
- 灣仔區舊和昌大押（已活化成The Pawn）約建於1920年代，於2009年12月18日確定為二級歷史建築物。
- 香港可考最古老的當舖是位於元朗舊墟長盛街72號的「晉源押」，由元朗鄉紳鄧廉明創立至今有二百多年歷史。2010年，獲古物古蹟辦事處列為一級歷史建築。
- 深水埗區南昌大押約建於1930年代，2010年12月21日確定為三級歷史建築物。

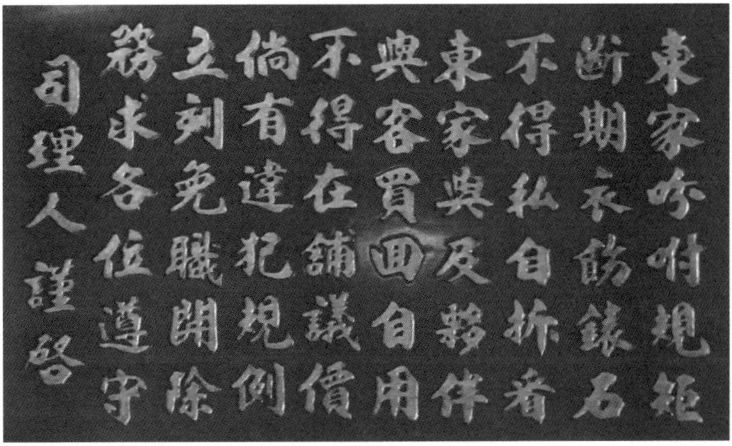

2.3

相關知識與條例

《當押商條例》

香港的當舖要依照政府頒佈的《當押商條例》規定才能營業，究竟當舖要遵守什麼規定呢？現節錄一些重要的條文，讓你對典當業有多一點的認識：

（一）釋義

在《當押商條例》中，對當舖內的術語有清楚的解釋，部分術語如下：

「物品」(goods) ：指任何可作為抵押品的物品、物件或其他東西。

「當押商」(pawnbroker)： 指經營貸出款項的業務的人，而該人是為賺取利息，或為獲得或期望獲得利潤、收益或報酬而貸出款項的，並以當押取得的物品作為抵押。

「當票」(ticket) ：指當押商在貸出任何款項當日，交付給借款人一張訂明格式的當票。

「農曆月」(lunar month) ：指中國農曆月。

（二）貸款的利息

典當的人在贖回抵押品時，當押商可收取按農曆月計算的單利息，利率不得高於3 1/2釐；而當押商接受本金和及利息後，該筆交易則告完成。

（三）要有詳細的貸款記錄

當押商須備有貸款總登記冊，記錄每筆貸款的詳細資料，包括借款人的個人資料。

（四）每筆典當借貸都要寫當票

當押商在貸出每筆款項時，須向借款人交付一張訂明格式的當票。如借款人遺失了當票，借款人向當押商出示身分證明文件作登記手讀，支付開支，並以訂明的表格作出法定聲明，說明遺失當票的情況，則當押商須交付有關當票的複本。

（五）典當的時限

在任何款項的貸出日期起計的四個農曆月內，借款人交出當票連同應付的本金及利息，當押商則須將抵押物品交付借款人。不過，如果抵押品屬非法當押物品或疑屬非法當押物品，在職級不低於警長的任何警務人員書面通知後，該抵押品則會被扣留，不可支付。

（六）未贖回物品成為當押商財產

當押物品在當押商貸出任何款項的日期起計四個農曆月屆滿時，借款人仍未贖回有關物件，該物件則成為當押商的財產。如果借款人在4個農曆月屆滿前，欲延續貸款，則須向當押商繳付應付的利息，而當舖亦須向借款人交付一張新當票，並須在總登記冊上重新登記。

（七）借款人須要提供個人資料才可以贖回物品

借款人向當押商申請贖回當押物品時，須向當押商提供足夠的資料，包括身分證明文件、居住地；如申請贖回物的人並非物品的擁有人，則要留下擁有人的姓名及居住地。如果申請贖回物件的人提供虛假的資料，即屬犯罪。

（八）未經擁有人授權而將物品當押

如果未得物品的擁有人授權，而將他人擁有的物品當押，是違反法例的。

（九）典當物品的限制

當押商並不是接受任何物品作抵押品，有些物件是不可以成為抵押品的，包括未滿十七歲的人典當的任何物品；物品有標記清楚寫着「國家」或其他法定機構或法定權力機關的財產。當押商亦不可以接受任何根據《人事登記條例》所發出的身分證，或任何護照、委任證或其他確定持有人身分或國籍的證件等。當押商亦不可以接受銀行儲蓄或存款帳戶的存摺；不可典當借款人的資料。

（十）當押商要好好保管物件

在當押物品贖回期限屆滿之前，因當押商的過失、疏忽或行為不當，而使當押物品被人盜去、遺失或被人以不正當方法處置或遭毀滅、遭損毀或價值受損等，當押商則要向物主作出賠償，但可以從賠款中扣除所涉及的貸款利息。

（十一）法庭處理非法當押物品的權力

法庭有權處理任何非法的當押，法庭或裁判官須考慮物件的擁有人及當押商的行為，並考慮物品的非法當押是否由於任何一方的過失或不小心所引致或促成，則須在顧及雙方就該項非法當押而各別應分擔的責任下，將損失或損害按責任的全部或該較大部分予以分攤。

當舖、銀行與財務公司

	當舖	銀行	財務公司
貸款門檻	貸款門檻低，當押者只須提供價值不低於一百的物品；當舖亦不會為前來典舖的人作財務上的評估。	貸款門檻高，需要有很高價值的物品才可以作抵押，同時也要考慮借款人的背景等資料。	貸款門檻低，不需要抵押品；財務公司不一定做財務上的評估。
抵押品	當舖需要抵押品，但所收的類別卻很廣泛，如首飾、手提電話等。	銀行需要高價值的抵押品，如樓宇、汽車等。	財務公司需要高價值的抵押品，如樓宇、汽車等。
審批過程	當舖沒有複雜的審批過程，只須由「二叔公」作經驗的評估就可以對抵押品作出估價。一般來説，只須約十分鐘就可以完成抵押程序。	銀行要考慮借貸風險，而評估抵押品的價值也要花較多的時間。這個程序可能要數天。	審批過程不算太複雜，基本上一天之內可以完成審批，快則只須一小時。
服務對象	當舖的服務對象是個人為主。	銀行的服務對象主要是企業，亦有個人借貸。	當舖的服務對象是個人為主。
涉及金額	當舖的抵押是有限額的，範圍在一百元至十萬元之間。	一般涉及的金額較大，可能以百萬元計算。	涉及的金額可大可小，沒有限制。
借貸時限	當舖的借貸時間較短，以四個月為限。	銀行的借貸時間很長，可以以「年」計算。	借貸時間可長可短。
利息	以農曆月息計算，每月不可多收三厘五。	視乎借貸的類別，一般是年利率五厘至十厘。	視乎借貸的類別，由年利率幾厘到幾十厘不等，亦可能收取手續費。

所謂典當，就是將個人資產作為抵押品，押給當舖，只要典當的人交付協議的利息費用，加上抵押的本金，並在指定時間內完成贖款程序，典當的人就可以向當舖取回抵押品。　／／ 如果在協議的時間內，未能付上足夠的本金和利息，也可以憑着當票在當舖內進行續當的手續，即將抵押品繼續放在當舖內，待下次交易日限期內贖回抵押品。　／／ 要是在贖當後仍未有足夠所付的費用，抵押品就會成為當舖的財產，而當舖就會將抵押品作為流當品處理。

2.4

問與答

／／ 當舖，是神秘的行業，許多人對當舖的認識不多。究竟在年輕人的眼中，當舖是怎麼樣的行業呢？　　／／ 是次關於當舖的問卷，共訪問了三十多位中學生，透過他們回應的問題，嘗試了解時下年輕人對當舖的看法。

當舖，你知多少？

1. 在你的印象中，當舖是怎樣的？

____

____

2. 以你的估計，香港、九龍及新界共有多少間當舖？

________ 你猜這個數目的原因是：____________________

____

3. 要是你急須用錢，你會選擇到當舖典當物件嗎？（請✓出答案）

☐ 會　☐ 不會

原因：__________________________________

____

4. 如果要你拿一件東西去當舖換錢，你有什麼物件可典當？

________ 選擇這件物件的原因：____________________

____

5. 你認為當舖仍有生存空間嗎？（請✓出答案）

☐ 有　☐ 沒有　☐ 不知道

原因：__________________________________

____

6. 你認為當舖應加入什麼元素，才能吸引年輕人光顧？

____

____

姓名：________________ 就讀年級：__________

「當舖，你知多少？」分析

在你的印象中，當舖是怎樣的？

如果沒有進入過當舖的人，對當舖的印象，通常只流於電視劇集所播出畫面而已。此外，部分年輕人還未到合法的年齡進入當舖典當，他們未能清楚指出當舖的模樣，其實是可以理解的。在問卷的調查中，不難發現年輕人對當舖的印象是模糊的，許多年輕人都未能道出當舖的特點。當中，較具體的描述有：「櫃台很高」、「大門有遮醜板」等；還有一些較多年輕人使用的形容詞有：「古舊的」、「傳統的」、「把值錢的東西當了」等。至於能簡單描述典當的情形，則屬少數了。

中五葉佩儀
當舖是把自己最值錢的物品當成金錢，還要在一個限期內，把物品贖回。

以你的估計，香港、九龍及新界共有多少間當舖？

香港的當舖數目約有二百間，分佈港九新界各地，為有需要的市民提供典當服務。然而，由於大部分年輕人沒有到當舖的經驗，對當舖的認識不多，要他們估計當舖的數量，出現了很大的差距。根據問卷所知，他們估計香港當舖的數目，由十間到三百間不等，其中，有超過一半的年輕人認為香港的當舖數目不多於一百間，而約有百分之二十的年輕人更認為，這個行業在香港已經老化，亦未能配合香港經濟的發展，當舖已經被淘汰，估計當舖的數目在二十間或以下。能夠猜到當舖數目約有二百的，只屬少數。

中五陳嘉茵
當舖已經愈來愈少，因為現代人對當舖的需求減少了。

中五林憶
香港是經濟發展的城市，大部分市民的生活都是不錯的，能保留下來的當舖只會愈來愈少。

要是你急須用錢，你會選擇到當舖典當物件嗎？

對於會否到當舖典當物件，年輕人所選擇的兩個答案中，差不多是各佔一半。選擇會到當舖典當的，一般認為當舖能解決一時之間的經濟問題，是方便快捷的途徑。至於選擇不會到當舖典當的年輕人，大部分人認為自己沒有值錢的物件可以典當。畢竟，年輕人沒有什麼貴重的資產，他們想不到有什麼物品可以典當，是很合理的。而且，現在能提供借錢的途徑實在太多了，他們很容易接收到這類資訊，所以，若他們需要錢，也不一定會選擇到當舖。

中五陳凱瑤

如果我急須用錢，我會選擇到當舖典當物件，因為典當物品一定是有重要的事情而急於用錢，而我把物件典當後，可以在到期時，把物品贖回。

中五何小曼

如果我急須用錢，我不會選擇到當舖典當物件，因為在指定限期內未能贖回物品，當舖老闆有權力賣掉我的物品，這樣，我便失去有價值的祖傳物品，那就得不償失了。

如果要你拿一件東西去當舖換錢，你有什麼物件可典當？

就算沒有到過當舖的年青人，也會知道，典當值錢的物件才可以換取大量金錢；要是典當沒有實際價值的物品，根本不會換來太多金錢。其中，大部分年輕人都選擇以金飾到當舖典當，他們普遍認為：這類物件較名貴，可以換取更高的金錢。另外，亦有少數年輕人選擇典當手機，認為手機的價值高，能換得高的金錢。

中五雷凱蕎

如果要我拿一件東西去當舖換錢，我會選擇用金飾，因為金飾的價格高，能換取更高的金錢。

中五陳博文

如果要我拿一件東西去當舖換錢，我會選擇金銀首飾，因為這些物件的價值相對較高，而且又不是必須品，拿去換錢是最好的。

你認為當舖仍有生存空間嗎？

當舖是舊式的行業，在香港經濟未發展前，當舖的確有很大的生存空間。然而，隨着香港經濟發展，當舖的生存環境變差了。從問卷調查所知，有泰半的年輕人認為當舖已沒有生存空間，尤其是市面上能提供借貸的方式實在太多了，有時根本不用拿出抵押品，也可以換取金錢。當然，亦有些年輕人認為典當還有生存空間的，尤其對於急於用錢周轉的人，當舖的確為他們提供了方便。

中五蕭穎瑤

我認為當舖仍有生存空間，尤其是與財務公司作比較，當舖的經營手法肯定比財務公司溫和，至少不會發生「追數」等場面。

中五區健群

我認為當舖仍有生存空間，因為許多人礙於面子問題，不會隨便問別人借錢，寧願將自己的貴重物品拿出來典當，以解決燃眉之急。

你認為當舖應加入什麼元素，才能吸引年輕人光顧？

當舖要吸引新客源，才可以有足夠的生存空間；而能夠吸引年輕人光顧，就可以拓展商機。可是，許多年輕人對當舖的概念比較模糊，未能清楚指出當舖要加入什麼元素才可以吸引年輕人光顧。有部分受訪者加入了現代商品的推銷手法，認為只要以「帥哥美女」做代言人，就可以吸引年輕人了；亦有提出以印花作獎勵，即每次典當都能獲得印花，而所得的印花可以換取精美禮物。這些，都是非傳統的手法，或許真的能打破隔膜，吸引年輕人的眼光。

中五申鈺誠

我認為當舖要加入典當潮流物品的新元素，如手辦模型、玩具等，就能夠吸引年輕人。

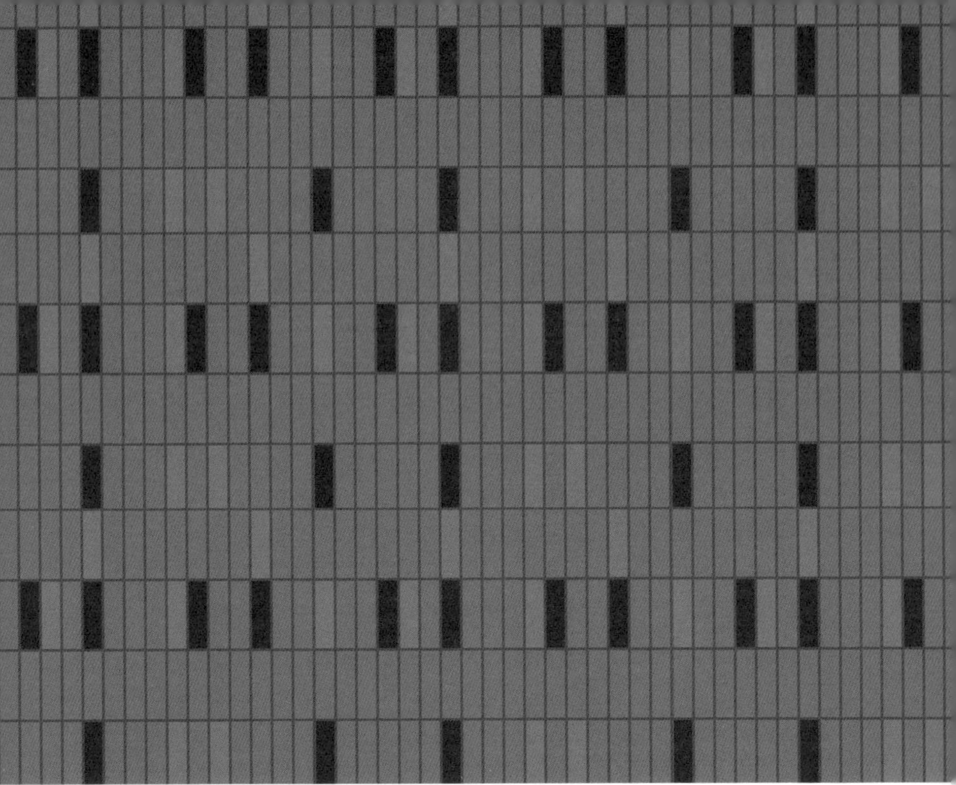

在香港經濟起飛前，大部分香港人的生活條件都很差，微薄的收入僅能解決三餐，並沒有餘錢應付突如其來的開支。當時，一般的低下階層得不到銀行的借貸，需要用錢時，他們只能求助於當舖。所以，當舖對大部分低下階層來說，是有實際的存在價值。

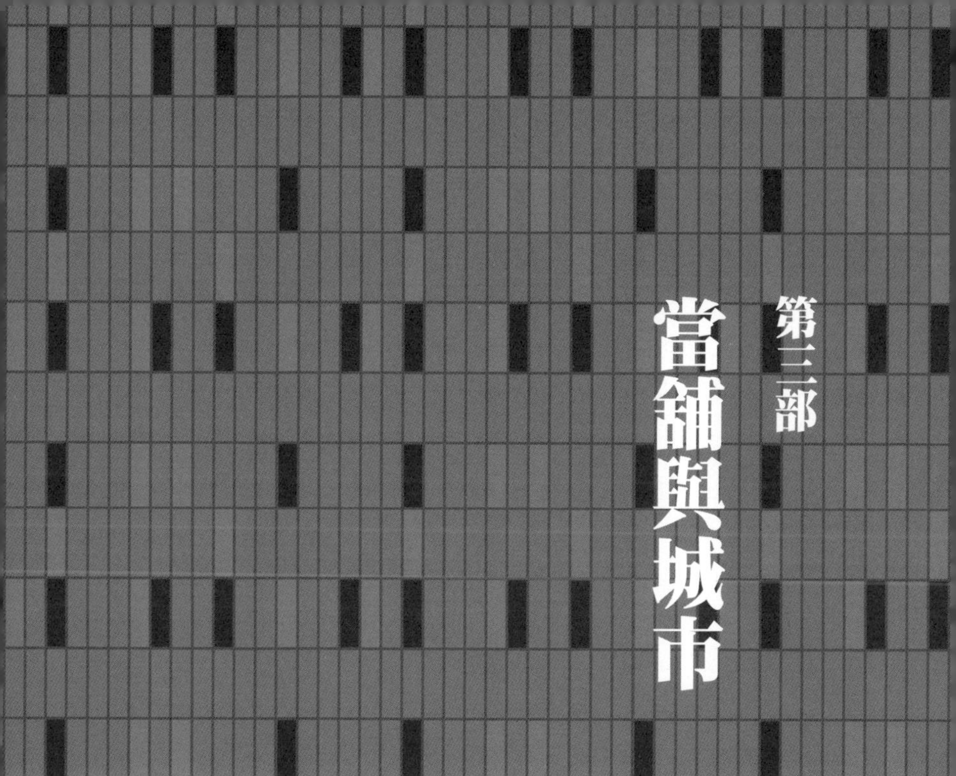

第三部 當舖與城市

時至今日，需要用錢的市民有很多途徑得到借貸，當舖的功能已大不如前。為了適應時代需求，當舖正在轉變求存中，其中，新式當舖的出現，打破傳統當舖的經營模式；亦有傳統當舖逐漸走向現代化，廣泛吸納客源；當然，還有傳統當舖繼續堅守傳統，保留原有的典當文化。

現在，我們從這裏開始，一起認識香港的典當文化……

3.1

當舖的特色

蝠鼠含金錢

香港大部分當舖都有一個以紅色為主的特色標誌，稱為「蝠鼠含金錢」——圖案的外形貌似是葫蘆，其實是以「倒轉的蝙蝠含着金錢」。「蝠鼠含金錢」一名，也由此而來。

現在所見最早的「蝠鼠含金錢」標誌，是元朗晉源押所保留的圖案，是現存香港最具特色的典當業圖案。

所謂「蝠鼠含金錢」，寓意是「福到眼前」（蝙蝠在古錢上歇息），又有說是「引福（含錢）歸堂」（中國的吉祥圖案多數是以鍾馗手執紙扇或劍，扇頭或劍前有一隻蝙蝠），有「引福入室」的意思。在中國傳統的吉祥圖案中，蝙蝠和金錢都有吉利的意思：蝠

是取自「福」的諧音，而金錢有利潤的含意，兩者配合成為「有福又有錢」。據說，以前廣東省一帶的當舖都沿用這個標誌，但現在內地的當舖已不再用這個圖案，反而香港仍保留着這個傳統特色。

由於當舖的標誌外形特別，就算在招牌林立的鬧市，也會份外顯眼，市民只要舉頭一望，就可以看到附近有沒有當舖了。

不過，時至今日，許多新式當舖已不再做大型「蝠鼠含金錢」的招牌，紛紛以新式的電子燈箱，勾勒出一個簡單的「蝠鼠含金錢」圖案就算了；有些當舖甚至連電子燈箱也沒有，只是簡單一個用膠板製成的「蝠鼠含金錢」圖案。

標誌簡化了，主要的原因不外乎有二：一、製作一個大型招牌所費不菲，倒不如改用電子燈箱，以節省成本；二、以現在的法例所限，要在大廈外牆懸掛一個大型招牌是不容易的，取而代之的，自然是簡單的電子燈箱。

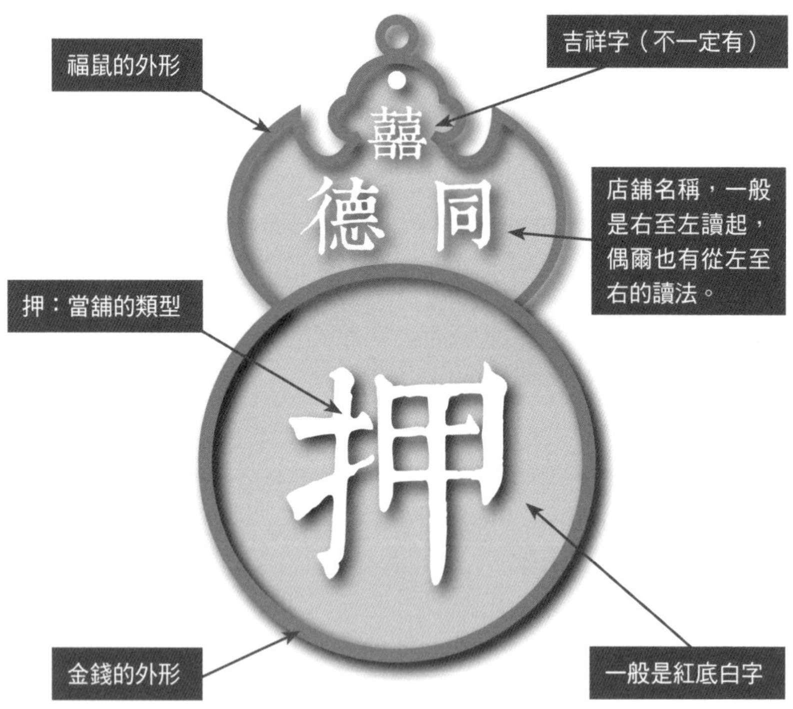

有當舖的蝙鼠含金錢的外形很具體。

港九押業商會有限公司的標誌。

至於現存歷史最悠久的當舖，金屬制成的蝙鼠含金錢圖案亦很有特色。

若基於某些原因而未能懸掛蝙鼠含金錢，一般會使用圓形的圖案，就是取其金錢的形狀。

遮醜板

當舖往往予人一種神秘的感覺。除非是曾經踏進當舖，否則外人根本看不到當舖內的情況。我們有這種感覺，主要是門前有一塊大的遮醜板。

就在當舖的入口處，一定有一塊大大的屏風擋着視線，從外看入舖內，只會看到當舖的名稱或一個大大的「押」字。這塊屏風，俗稱「遮醜板」。顧名思義，遮醜板就是防止外面的人看見當舖內的情形，遮擋前來典當的人的臉，以免為顧客帶來尷尬的場面，所以，「遮醜」二字是最貼切不過。

雖然典當不是見不得光的事，但要是被熟人看見，知道要典當維生，典當的人的內心也不太好受。另外，現代人還要講求「私隱」，在門外加上一塊大屏風，防止街外人看到內裏的情況，算是為顧客提供了保障。

舊式當舖的遮醜板是木製的，除了大門內的屏風外，有的還會在大門裝上小型木製推門，做了兩層的「遮醜」功夫。至於新式當舖，在外觀上已較為新潮，店舖用遮醜板不一定是木製的，有的是金屬板，也有的是磨沙玻璃；更有少數的當舖索性不用遮醜板，改用不透明的玻璃大門就算了。雖然木製的遮醜板是傳統

泰大押
小心地滑
小心
萬事如意
順泰押
高價
黃白
鑽飾
各款

的特色，但改用其他物料也無礙遮醜的效果。

高高在上的櫃枱

在顧客為先的大前提下，幾乎各行各業都視顧客為貴賓，唯獨典當業是例外的。這點，從當舖內那張高達兩米的櫃枱，可見一斑。

當典當的人踏入當舖，繞到遮醜板後，就要抬高頭向「二叔公」求價了。這種高高在上的姿態，實在是有利於「二叔公」向典當的人壓價；同時，典當的人就像有求於當舖，希望當舖能為押品出高價，以解決金錢上的困難。這種高高在上的姿態，是當舖與典當人處於不公平的位置，能為當舖取得更大的利潤。

事實上，當舖的櫃枱處於高高在上的位置，也是基於保安的理由。當「二叔公」與典當的人進行交易時，站於一個較高位置，就可以清楚店舖內外的情況，可謂一目瞭然，甚至可以防止有人假扮典當打劫。除了高櫃台外，在櫃台前還會加上鐵欄杆，將前來典當的人與當舖的工作人員分開了。或許就是這個原因，我們鮮有聽到當舖被劫的新聞。

現在，部分新式的當舖，仍然保留着這種設計方式，成為當舖一直留傳下來的特色。

有數層高的單幢式物業

現存一些歷史悠久的當舖，都是單幢式約佔三、四層樓層的建築物。舉例說，現在仍然運作中的南昌大押等，就是樓高五層的單幢唐樓式建築；已拆卸的同昌大押，則是樓高四層。

德榮大押
德榮大押
德榮大押
囍
德榮
押
Shop No.213, Level 2,
Man Yee Arcade
德榮大押
TAK WING PAWN SHOP
德榮大押
WIG
假髮
24 hrs
全日
961
十字丹
ENVIRO 500
KMB

當舖是單幢式建築，其實是有實際的需要。以前，典當的人都是以家中的日常用品做押品，其中有部分押品的體積較大，如大衣、棉被，甚至是電視機等大型物件，因此，當舖需要很大的空間保存物品。一般來說，地下的店面是做生意的，或騰出部分地方出售已斷當的流當品，樓上是存放押品的貨倉。另外，當全幢物業都是當舖擁有，更有利於保安，以免透過樓上或樓下的單位進入當舖爆竊。換言之，當舖以數層高的單幢式物業經營，是理所當然的。

然而，時代變了，現在已沒有人典當棉被等大型物件，當舖亦不會接受這類物件做押品。取而代之的，都是體積細而價值高的物品，如手飾、名錶或電子產品等。由於這些物品不需要佔用當舖太多的存放空間，加上保安設備提升了，當舖也不需要再佔用三、四層的店面了。

現在，除了一些舊式當舖仍保留着全幢的規模，大部分當舖都出售或轉租了用不着的地方。例如，灣仔的和昌大押由原來的三層變成現在的一個小型單位。

當舖稱「押」

香港的當舖都會用「押」，其實這個字有特定的意思。

當舖可分為三種，即：「當」、「按」和「押」三種。其中，以「當」的經營資金及規模最大，但已消失多時；「按」的經營資金與規模較次，在澳門仍可看到「德成按」、「德生按」、「長泰大按」等痕跡，而香港也沒有屬於「按」的當舖了。至於「押」的資金及規模都是最小，當期最長四個月。

「朝奉」與「二叔公」

當舖有專人負責鑑定押品的職員，叫「朝奉」，但一般都稱他為「二叔公」。所謂「朝奉」，據說當舖的櫃枱很高，前來典當的人要將押品高舉給「二叔公」，就像「上朝奉聖」般，「朝奉」一稱，由此而來。至於「朝奉」為何又叫「二叔公」，有不同的說法，其一，有說負責做朝奉的，多數是上了年紀的人，因他的經驗豐富，容易掌握押品的真偽和價值，而他所負責的，都是二手貨物，便統稱為「二叔公」。

以農曆結算

一般的押品是以四個月為限，若典當的人有意繼續典當，就要在押品到期前，支付了利息。如果典當人到押品到期日，不取回押品，亦沒有支付利息，就稱為斷當，而押品就稱為流當品，任由當舖處理了。

由於結算以月為限，就算是多出限期一日，都要額外多付一個月的利息，所以，當舖在計算押品的時限時，就會採用農曆。

當舖採用農曆，並不是因為當舖是傳統的行業，而是農曆比新曆的日子少。

舉例說，農曆一個月是二十九天或三十天，但新曆一個月是三十天或三十一天，換言之，以農曆計算押品的當期是比較划算的。

當舖的利息

在香港經營當舖是要申請商業牌照，並要接受1984年頒行的《當押商條例》所監管。其中，在利息方面的管制很嚴，要是超出規定，就成為「大耳窿」。按條例規定，當舖每筆貸款金額不得超過十萬港元，月息也不可以超過3.5%，貸款期限為四個月。如果當舖違規，超過典當金額或收取過高的利息，一經定罪，最高可罰款十萬港元及監禁兩年，嚴重的可能被取消牌照。

換言之，典當一萬元的，每月的利息不可多於三百五十元。

有些當舖為了吸引客源，只好將利息調低，舉例說，有些當舖在門外大字標明，每一百元押款只收取月息三元，即利息是3%，較可收取的利息低0.5%。

當舖與二手商店

當舖的利潤主要來自兩方面：一、押品的利息；二、出售流當品所得到的典當交易差額。

當舖的經營者會與附近商店合作，出售當舖所得到的流當品。為了得到更高的利潤，許多當舖都會兼營出售流當品，所以大部分當舖旁的都是錶行或金行。由於店舖的名稱是近似，甚至是一樣的，很容易聯想到是聯合經營的；甚至有些當舖與錶行或

金行合二為一，成為同一個門牌的店舖，肯定是有密切的關係。

在當舖「當人」

當舖是有抵押的貸款，即要典當者交出抵押品，並要支付利息。押品的典當價值只要不低於一百元，而當舖又沒有懷疑典當者的身分或押品的來源，當舖一般都會接受押品。

然而，在舊社會環境，卻有一種沒有押品的典當活動，就是「當人」——「當嬰兒」。以前生活環境不好，醫療設備落後，一些父母害怕兒女長不大，故有「當嬰兒」以保小孩平安的做法。據老一輩的人說，父母抱嬰兒到當舖，由「二叔公」帶到舖內的神檯叩拜祭，然後發出一張 「假當票」，寫着上「快高長大」等字，「二叔公」再將嬰兒交還給他父母。最後，嬰兒父母送上紅封包，整個「當人」和「贖人」過程便完成了。

現代生活條件得到改善，已經沒有人會到當舖「當人」了。

當票上的字

當有人將物件帶到當舖典當，當舖就會寫一張當票。

當票是記錄典當者、押品，以及典當金額等資料，是當舖與典當者之間的憑據。雖然當票扮演着重要的角色，但一般人卻不知道當票上其實寫了什麼。

「二叔公」在當票上寫的，是一種特殊的字體，叫「當（舖）字」，外人是看不明白，只有行內人才懂。由於在舊社會裏，沒有可確認身分的物件，除非典當者與「二叔公」是相識，否則，當舖只會認票不認人。為免有人撿得當票而可以用低價贖走了押品。所以，當舖在當票寫了外人不明白的字體，還會透過對答確認贖回押品的人，是否真正的物主。這樣算是保障了典當者與當舖的利益了。

現在，當舖需要典當者交出身份證確認身分，不會只是認票不認人了。基於這個原因，當舖不一定在當票上使用「當（舖）字」。

當舖字

舊式的當舖是用毛筆寫當票的，而所寫的字體較為特別，並非常用的書法體。

他們之所以會用這樣的寫法，只是方便行內人辨識，以免被外人作假。由於他們所寫的字體較為潦草，有人稱這種字是「鬼畫符」。其實，他們所寫的字體不是完全不可以辨識，以這張給行內人學習的字體為例，你又認得多少？

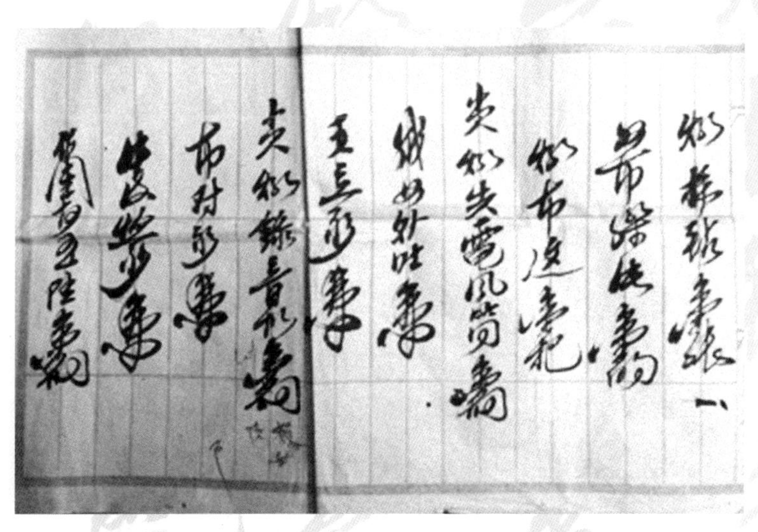

K金鑲玉墜一個

布對衫一件

小欠爛錄音機一個

毛笠衫一件

絨裏外套一件

小欠爛電風筒一個

爛布遮一把

女布碎片一的

爛棉氈一張

3.3

當舖的變遷——當舖、朝奉、顧客的微妙關係

｜曾綽敏

「江湖救急、有當有贖」，當舖已在香港社會活了不少日子。現代人可能對它不甚了解，只知門口一個掛有「蝠鼠含金錢」並一大個「押」字的招牌，從門外只見一塊「遮醜板」，其餘的，你無從窺探。這神秘的一業，無論歷盡多少滄桑變遷，不變的，仍然是當舖、朝奉和顧客三者相依的關係。

「當舖」一角

所謂的「當舖」，就是為有需要人士提供典、當、按、押服務的商戶。有說當舖源自於歐洲，英國、古希臘、古羅馬等多國都有典當業；中國最早於西漢時已有典當的活動，在一千六百多年的南北朝已經出現當舖；而香港最古老的當舖則是開業於二百多年前、光緒年間，在元朗的晉源押。無論典當這個服務於哪個空間出現，大概只有一個原因——急人之所急，大開方便之門的及時雨。

無論是為了發動戰爭而籌募軍費，還是為了濟貧放債，抑或是為助如司馬相如這般的才子賒酒，只要客人還擁有有價值的物件，就可以拿它到當舖典當；只要那件物件真的有價值，當舖

的朝奉便會按物件的新品價值及新舊程度評估市價，開出典當金額；只要客人接受，便開當票，當舖便支付當押本金的現金。這樣的過程，快捷簡便，才不到十五分鐘，一個周轉不靈的客人便拿到他的應急錢。

時移世易，有說這歷史悠久的當舖開始息微。事物的消逝不外是兩個原因——其功能已再無用處；或是有代替品出現。相信無論身處任何時代，不是萬能的金錢始終是人類賴以為生的必需品，因此，「及時雨」這個角色從不過時。然而，小額的借貸亦可以由信用卡代勞；銀行、財務公司、「大耳窿」均能擔當較大額借貸的角色，而且它們隨着社會的變遷令借貸手續愈趨簡便。以上的一切，的確對當舖的發展甚為不利。雖然如此，代替品是否就能夠完全取代原本呢？正當、合法的借貸大都需要入息證明，這一紙證明對無業人士或散工無礙是高不可攀的門檻；非法的借貸則對借貸人毫無保障。再者，無論那些代替品在借出金錢時如何的便利，但當還款期屆滿，若借貸人無法償還，其後果將會如何？輕則破產，重則招來上門追債的人，後果不堪設想。然而當舖則不同，它不管你是什麼身分，只理會你有沒有能當之物，經評定價值後便可直接開票交款；就算當押期限屆滿時無力贖回當物，事主大不了損失一件身外物，對其自身並無傷害。這種合法、便利、安全的借貸方式，似乎還未找到完全能取代它的代替品呢！

朝奉一角

走進當舖後第一個見到的人就是人稱「二叔公」的朝奉。他們高高在上，居高臨下地迎接他的顧客，跟現今常常強調的

「待客之道」迥然不同。當舖是一門生意的，朝奉受聘於當舖，自然也得為公司着想。他們拿着放大鏡，鉅細無遺地檢查、審視當物的新舊，以他們專業的眼光按其新品價格折算當物價值，再向客人開出典當金額。若開出的典當金額太高，則有可能令當舖虧蝕；若是太低，則又可能會損失顧客。不過，他們明白一件事情，就是走進來的顧客大多是來找應急錢的，這有兩個含意：一、顧客求財心切，都想朝奉為他們開個好價錢，算得上是有求於朝奉；二、若真是要錢來應急，他們都不會輕易空手而回。這兩個含意造就了朝奉在這宗生意一開始便佔有優勢，他們根本不需要刻意去取悅任何顧客，因為交易失敗，只代表當舖少了一宗生意，但對顧客來說，就是少了一次走出困境的機會。因此，「二叔公」的氣勢凌人，是不容許任何人的異議的，有求於人的人根本沒有資格窺探二叔公的玄機，也沒有資格跟他討價還價；若想儘快解決財務上的困難，便得想想什麼是「待二叔公之道」了。

不過，時至今日，有的當舖已把朝奉高高坐鎮的票檯，改為像銀行一樣的窗口，厚厚的強化玻璃起着保安的作用；朝奉與客人之間亦由高低懸殊變成水平直望的親切。而且朝奉「壓價」一事還是有例外的。原來斷當的情況不多，大部分的顧客當物後周轉後，都會儘快贖回當物。有時朝奉見那些是熟客，信譽良好，都會儘量幫助他們，開一個好價錢，讓他們可以渡過難關。始終，當押這種傳統、古老的行業，仍然是情重於利，在人情面前，還是能把公司的利潤擱在一旁。這種人情味並不是單純以票檯的高低釀出來的，誰又肯定那隔着厚牆的親切能比得上從前的直接的守望？然而，不經不覺，當舖已漸漸從一手接一手的「舉嘢」歲月走到透明牆的時代了。

顧客一角

那麼，究竟「二叔公」日夜守候着什麼樣的人呢？在1960、70年代，香港社會還未起飛，物資較為短缺，人民生活較為艱苦，不少人「為兩餐而當」，當然亦有些人是為了生意上的周轉而當。當時受當物品的種類繁多，黃金、手飾這些價值較高的物品當然受當；一些生活用品如手錶、鋼筆，甚至大衣、棉被，統統受當。從「賣、當、借」這個順序來看，人們首選當然是先盡力借錢；但若借不到，則選擇當物；非不得已才把東西賣掉。「夏天當棉被，冬天贖風扇」，當舖的顧客還是想贖回物品，珍惜所當之物，不然，直接把它們賣掉不就行了嗎？

然而，眼看現今的當舖的體積愈來愈小，由三層大廈變成有的只有一層，便可以聯想到現在當舖需收納的當物的體積比以前小多了，數量也少多了。香港從一個小小的漁港發展成現在的大都會，物質較以前豐富，其價值也大不如前。另外，人們也比以前較容易擁用物質，漸漸地，也沒有像以前的人般珍惜物件，動輒便把物件賣掉，毫不念「主僕」的情誼。在社會進步和價值觀改變的情況下，也影響了當舖。當舖只收有價值之物，所謂有價值，大概就是指舊貨賣出還有市場價值的意思吧。諸如大衣、棉被般隨處可見，也沒有二手市場的東西，對當舖來說便是失去了價值。就是這般現實，死物自人購買它們之後便死心塌地為它們的主人服務；從前，人們無論如何也要修補壞掉的它們，就算如何艱難也要贖回它們；但是現在，就算還是簇新的它們，也被定義為「沒有價值」了。這樣的價值觀，就讓當舖的生意愈來愈少了。

除了為生活發愁的百姓會到當舖外，還有兩種人會找當舖救急——賭徒和小偷。賭業在香港不算興旺；而隨着科技愈來愈進步，警方會定時利用電腦系統把失物的清單傳送到當舖核對，好讓當舖不會接贓。因此這兩種人也是愈來愈少了。雖然本地人愈來愈少到當舖去，但社會的轉變，亦為當舖帶來了兩種新顧客——外地女傭和個人遊旅客。無論這些顧客佔的比例有多少，至少可以反映香港社會的轉變。香港人富裕起來，從前需要金錢周轉的低收入人士由本地人轉移為他們聘請的外傭；回歸後，隨着個人遊的政策，一些在邊境開業的當舖亦開始接觸不同的客人了。

不過，無論到當舖當物的人是哪些人，所當之物變成哪些物件，不變的，是當舖仍然屹立於此擔當及時雨的角色。

當舖的出現，其實乃是市場上的供求問題，當社會上有人需要快捷、安全的借貸服務，當舖便應運而生。此外，這同時造就了一個行業，一個需要專業人才的行業，把朝奉和當舖的顧客緊緊地連在一起。人對物件的珍惜，人與人之間人的人情，已跟隨當舖這個載體走過許多年；面對着世界的轉變，價值觀的扭曲，到當舖的人少了，入行當朝奉的人少了，當舖收的當物也少了。我們面對這許許多多的從指縫間逐漸流逝，我們又要挽留多少？又能挽留多少？當舖的轉變，又能為自己支撐多久？

3.4

當舖博物館

香港有逾二百間當舖，數目雖多，但其實許多人都沒有踏進過當舖。對大部分香港人來說，當舖是神秘的地方。

就算曾到過當舖典當的人，也不可能知道當舖的真面貌；要真正認識當舖，就只能參觀博物館。可惜，香港沒有當舖博物館，只有在香港歷史博物館的「香港故事」常設展覽中，有展區仿照「晉源押」的陳設，但算不上是博物館式的展覽。

我們要認識當舖的歷史，了解當舖內裏的情況，有兩個地方：一、可以到澳門的「德成按」，現已成為「典當業展示館」；二、或參觀曾是廣州第二大當舖的「東平大押」，現已成為「典當博物館」（參看第一部當舖光年）。

其實，香港的當舖也很有特色，現在是否要計劃一下，設立當舖博物館呢？

3.5

當舖印象

｜余詠思

某天課上，跟在港定居多年卻祖籍北京的老師閒聊，普通話說到一半的我停住了，猶豫「當舖」該怎麼說？「當舖」二字唯有用廣東話說出來，她臉上隨即浮現一副充滿問號的表情。旁邊的同學落力解釋：「她是指那些以貴重的物件抵押來換取應急錢的店舖」、「在港常見門口掛起一大個『押』字的那些就是當舖」。

北京老師一陣恍然大悟又一陣驚訝，她說：「何以香港如此繁榮的地方，居然有這類店舖？我在北京沒見過⋯⋯」另一位經常穿過省，從事中港貿易的同學堅稱，這幾年他曾見過這行業仍活躍於中國不同的省市。

較為人所熟識的香港當舖，大概就是已活化的殖民地古蹟——灣仔和昌大押。富有廣府文化的「騎樓」建築，在這陽台長廊上，可以一邊耳聞目睹叮叮的來來往往，一邊品嚐着不相稱的西方美食，難不成這就是我們對當舖的僅存印象？北京老師那番話再次讓人深思，繁榮的大都會，究竟把這個行業壓縮到哪裏去？如今它變成了怎麼樣？

文藝中典當的情與義

電影《歲月神偷》中，其中一幕看得人特別心酸，鏡頭對準鞋舖老闆的無名指，結婚指環不見了，剩下深刻的指環凹痕。

縱然故事沒有交代黃金指環消失的因由，而典當的線索已不很着跡，連愛情的憑證也可典當，無非為救罹患血癌兒子的性命，鞋匠粗糙的雙手用力按壓有血有汗的二百大元，在勢利的護士面前懇求一包可續命的鮮血。當舖，為人們提供微型又緊急的借貸周轉，至於這人是否命不該絕，當押交易卻不存在任何保證。

有當也有贖，當舖立下了一份牽繫着物價和人情換轉的時間契約。換言之，典當的物件可在契約訂下的限時內，以約定的金額贖回。還記得電影《黃金時代》中，蕭軍去當舖贖回棉大衣給蕭紅保暖。在當時物資匱乏的年代，男人這微細的舉動有着絲絲的愛憐，他贖回了一份患難見真情，而女人最感刻骨銘心的莫過於艱難時能彼此依靠。

求生的、為真愛付出的，電影中典當生活寫得有情有義。至少，當舖為這些窮途末路者，開出一條仍帶希望的活路。

古典文學更為這典當生活，塗抹多一層浪漫色彩。

男人可以瀟灑典衣為求賣醉，在當舖中以物換取人生盡歡的時刻，是否等價交換，相信詩人不會錙銖必較，這是男人浪漫的選擇。

唐・杜甫・曲江詩二首之二：

「朝回日日典春衣，每日江頭盡醉歸。」

女人典賣珠釵，把情葬送：愛人遇釵呑釵，釵在情亡。幸而，紫釵在誤解中，輾轉來個大團圓，盟誓未有在這典當的暫時處所中流失。當中，我們又見到女人典賣定情信物，一則為生活逼人(（小玉序白）「哼，誰信你，想你見我變賣頭上紫釵，都已知我今非昔比。」，《紫釵記．劍合釵圓》）；二則為痛狠情郎變心，她只能做到這種地步的報復(（小玉悲憤接唱）「我典珠賣釵，以身待君，我盼君望君，醉君夢君，你到今竟再婚折害儂」，《紫釵記．劍合釵圓》)。

現實中走進當舖的靦腆

返回現實， 向長輩請教當年可有衣物典當之事，好幾位不約而同肯定「棉被」是頭號典當之物，相對少提金器，再追問下去，他們就不願多說細節和因由，欲言又止的神情，便明白那是不光彩的從前，試問誰想憶及這段艱苦歲月？

換個角度，且看今天的借錢廣告，拍得放貸人全為江湖行俠仗義之士，借款人一旦享受了低息一身輕，便繼續揮霍才算得上是精明消費者。當放債欠債變得合理以後，大家便把它視為一種平凡不過的金融活動，從前羞於典當賒借的心如今蕩然無存也就見怪不怪了。

想當年，當舖正門置放一塊俗稱「遮醜板」的屏風，它不作裝潢點綴，據知屏風發揮保安作用，讓街外人難以窺探借贖的運作。這種低調作風，或多或少讓人感受到當舖對當押者仍有些許同情和體恤。

當舖還有一處居高臨下宛如茱麗葉陽台的地方，是評估當押品價值的工作台，說得多麼淒美浪漫，卻沒有羅密歐來傾訴愛慕之情。高高在上的那位主理人名為「朝奉」，顧名思義當押者即使無用真正卑躬屈膝，心理上也要謙卑地向「朝奉」遞交身份證件核實，再呈上當押物品。君能想像高高在上的「朝奉」對物品評頭論足，狠狠壓價，才把當票和現鈔交予當押者，一切盡是計算。

現實中當與贖的手續說得真個一板一眼，但我寧願相信這門生意仍存在人情味。

3.6

在傳統當舖留下來的詞語

舊式當舖漸被淘汰，傳統當舖文化亦隨着時代的轉變消失。在傳統當舖留下來的，還有一些舊當舖才會用的詞語。這些詞語已經失去原有的功能，或已改變了意思，現輯錄部分詞語如下：

衣冠楚楚，兩袋空空

香港是「先敬羅衣後敬人」的城市，不少人就算身上沒有錢，也要穿得光鮮，才能給人留下印象。「衣冠楚楚，兩袋空空」就是指這類人。他們沒有錢又要穿得好，就要長期光顧當舖，拿東西去典當。有時有需要，也會當去身上的外衣，過了幾天後，有需要穿外衣時，就到當舖贖回。他們外表光鮮，卻只是靠典當渡日。

充銅與光板

據說，以前的「二叔公」在當票上，故意將當押品的價值貶低，不會如實寫上物品的價值。例如，將金器寫成「充銅」、「廢銅」等字；金錶寫成「銅體手錶」；皮草寫成「生蟲光板」等。這種做法，一來是保障當舖，以免因當票的用字引起誤會，而需要賠償給典當的人；二來以免當押品在當期受到損毀時，也可以減低當舖所要承擔的實際價值。同時，寫當票所用的字體也比較特別，以防止有外人仿傚冒寫。然而，有行內人表示，在當舖的物品一般都會得到妥善的保護，不易損毀，但有時為了保障自己，可能會記下物件有少許瑕疵，並不是刻意將當押品的價值貶低；而大部分當舖在寫當票時，都會如實記錄，如黃金寫明「足金」、K金寫明「低金」。為了讓顧客知道當舖有信譽保證，清楚記錄抵押品，才是最合理的做法。

有當有贖上等人

早於1960年代，香港的賭風熾熱，不少好賭之人為了賭，不惜拿出物件典當作為賭本。據當時的當押商表示，每逢有賭的日子，前往當舖典當的人比平時多。當然，有部分賭徒是有迷信心理，認為在賭博前典當一些物品會帶來好運。無論是籌措賭本，還是基於迷信心態，他們在賭場上獲利後，就可以贖回自己的物品。至於在賭場上敗北的人，不僅沒有能力贖回自己的物件，也隨時出現「當無可當」的情況。原本他們「有當有贖」，當舖也有利可圖，但「當無可當」的人愈來愈多，直接影響當舖的生意。當時，有俗語形容這個情況：「上等之人，有當有贖；中等之人，有當無贖；下等之人，無當無贖」。

舉獅觀圖

所謂「舉獅觀圖」，其實是指典當時的動作，表示：「要去當東西了。」到當舖典當的人，需要高舉雙手將當押品交給「二叔公」，這個動作就是「舉獅」；而「二叔公」接過物件，評價後覺得可作為當押品，就將當票及鈔票交給典當的人，典當的人看着有如圖畫的鈔票，就是「觀圖」了。如果將這兩個典當時一交一收的動作合併起來，就成為「舉獅觀圖」。

九出十三歸

以前有些當舖看準急需用錢的窮人心態，向他們的當押品「壓價」，提出不合理的抵押價，同時，亦會調高息率，要他們付出高於標準的利息。按數值計算，就是「九出十三歸」，即九折付鈔，收取百分之三十的回報。「九出十三歸」不僅是欺詐手段，也是犯法行為。不過，早於1920年代，香港的當舖已受典當法例的規範，息率是有限制的，如現在的息率是月息3.5%，高於這個息率就是違法了。因此，收取「九出十三歸」的當舖應該只在少數，或只有非法經營的當舖而已。後來，「九出十三歸」已不適用於當舖，變成形容放高利貸的專用詞了。

雷公轟

一般合法經營的押店稱為「當舖」，而非法經營的押店，就被稱為「雷公轟」。所謂「雷公轟」，字面的意思指他們向窮人吸血的行為，是會被雷公轟劈。「雷公轟」的利息高，當期短，專門吸納走投無路的窮人。其中，收取出「九出十三歸」的「雷公轟」，是不法的行為，就經常被人指罵會被雷公轟劈。後來，「雷公轟」沒有了生存空間，人們也不用這個稱呼了。

趕綿羊

以前的人，生活條件差、物質不多，許多基層市民，根本沒有貴價的物品可抵押，幾乎什麼有價值的物件都會典當。其中，最常見的抵押品是棉被。市民將棉被典當，一來是棉被有一定的價值，可作抵押品；二來，在冬去春來時，將棉被放在當舖保管，確保棉被會得到妥善保存，也不用煩惱家中沒有地方收藏；

待下一年有需要時，才到當舖贖回棉被。他們交給當舖的利息，就當作「保管費」。所以，當時有許多人在特定的時間拿着棉被去當舖，好像「趕綿羊」一樣。

3.7

一張當票的故事

到當舖典當的人，不問也知，都是急於用錢的人。

他們之所以急於用錢，各有着不同的原因，但「二叔公」多數不會過問緣由，在商言商，他們只會計較這筆交易能得到多少利潤，需要承受多少風險。至於對需要典當的人來說，「二叔公」能擔當及時雨的角色就夠了，也不會向「二叔公」多透過關於押品的事。

然而，我相信，每張當票的背後，都有一個故事，只是押品背後隱藏着什麼故事，只有典當的人才知道。

許多粵語長片都有關於典當的橋段，幾乎都是說主角生病、走投無路時，拿着家傳之寶應急；亦可能是有人偷了或意外得到值錢的物件，帶着物件去當舖「問價」。背後所講的，無論是愛情、是友情、是警匪，還是光怪陸離的故事，都令人看得津津有味。俗語有云：「橋不怕舊，最緊要受」，就算沒有到過當舖，不知道當舖是怎樣的人，也自然將「等錢使」與到當舖典的事劃成等號；甚至也聯想成沒有錢的人，一定要靠典當過活。

周永新教授長期研究低下階層人士的生活，對低下階層的生活面貌有一定的了解，他曾經在《真實的貧窮面貌——綜觀香港社會60年》一書中，曾經提過他小時候住在灣仔，也入過和昌大押，

壹年期滿
十足按物不折不扣
德生按

PRAZO DE RESGATE: SEIS MESES

六個月期滿◆展期壹個月

按本壹百員每月利叁員

息票銀碼◆不折不扣

澳門十月初五街六十四號

德生按

頌字　　號

按出本銀

聲明每元每月納息叁仙多少照數計算過期不贖任從發賣本按或虫鼠火燭賊劫意外等事各安天命與本按無涉認票不認人

農曆戊申年　月　日票

那次的經驗是：「是大姊帶我入去典當物品。記憶中的押店（那時稱當舖）並不可怕，尤其窮人朝不保夕，有東西典當已不算窮了」。的而且確，舊社會物資短缺，生活艱難，有不少人要靠典當過活，然而，大部分人還有可做押品的有價值資產時，生活縱使困難，也勉強可以捱得過；要是連進入當舖的資格也沒有，就是窮無可再窮了。在舊社會來說，肯定有不少這類真正的窮人。

我記得有一套《獅子山下》就是以當舖做主線，講一位老教師因急需要錢看病，在朋友介紹下，到了財務公司借錢，可惜老教師的薪金微薄，無法取得借貸，在別無選擇下，只好取出家傳古董到當舖典當。然而，當舖「二叔公」不想接受這筆生意，將古董退還給老教師。老教師在感到無助之際，意外地在遮醜板前摔破了古董。故事結尾沒有交代老教師的情況，反而將焦點放在那個有點不近人情的「二叔公」，指他面對了這次事故後，變得有點瘋瘋癲癲……

電影橋段只是想吸引觀眾的眼睛，寫得煽情一點，悲情一點，就有利於票房，因此，家傳之寶、訂情信物，或者是有紀念價值的遺物，非要拿去典當不可。這是劇情需要，迫觀眾多流眼淚而已。

在現實生活裏，或許也有不少這些故事，只是暫時還沒有人刻意記錄下來，不知道當時有多少人如劇中的老教師一樣，在當舖留下悲慘故事。

我手上也有幾張舊當票，是來自廣州的，也有來自澳門的。我望着舊當票上的「當舖字」，當然不可能完全明白當票上的內容，更不可能知道典當者為什麼要典當物品。究竟是典當者走投無路、生意失敗、患了重病，還是其他原因需要典當物品？或許，我永遠找不到答案。總之，我可以肯定：典當的人要透過典當來解決困難，到最後還是決定斷當，他應該有着相當的考慮，只希望他最終能渡過困境，重新開始。

3.8

當舖的新客源——外籍家庭傭工

以前，當舖的主要對象是基層市民，然而，隨着社會的經濟發展，加上其他的借貸方式愈來愈多，又愈來愈簡便，需要用錢的人可透過信用咭、銀行或財務公司借貸，要到當舖應急的人逐漸減少，在在對典當業的生意造成衝擊。

當舖的生意大不如前，不少當舖相繼結束營業。為免被淘汰，當舖也要想盡辦法開拓新客源。近年，外籍家庭傭工成為典當業的新興服務對象，令典當業的生意額有上升的趨勢。根據2013年的資料顯示，香港的外籍家庭傭工逾三十二萬人，其中，有不少外傭都試過典當物件。有當舖的負責人表示，外傭佔了當舖約三成的生意額，尤其是在周末及周日，與外傭有關的生意多達數十筆。前往典當的人多了，當舖的生存空間也大大增加了。

首間以典當生意上市的靄華押業信貸（股票編號：1319），在招股書上表明：外籍家庭傭工佔客戶總數約25%，而中國內地人士（泛指自由行）則佔典當貸款客戶總數餘下的5%，換言之，香港居民佔典當客戶總數的70%。靄華集團透露，集團每月有逾千外傭人次典當貨物，每次平均典當物件的價值是四百至六百元。雖然每筆的典當金額不大，但俗語有云：「山大斬埋有柴燒」，即外傭平均每個月為當舖帶來約有幾十萬，以至近百萬元的生意額；以3.5%的利息計算，再加上斷當而出售的流當品，依靠外傭的收入

德華
押
靄華押業
Oiwahpawn
6699 2228
德華大押
Tak Wah Pawn Shop
德華大押
TAK WAH PAWN SHOP
樓上尊貴會客室
獨立接見服務
歡迎預約
物業一按二按
歡迎致電查詢
GALAXY Note 4

的確不是小數目。

為了吸引這批新興客源，有當舖調低利息，以低息吸引顧客；更有當舖專門吸納外傭，向她們使出「奇招」：每逢假日，於店舖門外播放菲律賓電視節目，以吸引菲傭在店舖留連，甚至提出為即場在當舖典當的，可獲贈小食和汽水等。這種做法令不少菲傭因感激當舖提供免費娛樂、小吃，而主動光顧這間當舖。當舖的負責人曾接受某傳媒訪問時表示，自從推出「奇招」吸引菲傭後，當舖的生意有一成多的增長。就算無法在當舖門外添置電視機的，也會在當舖門外掛上用菲律賓文或印尼文寫成的字句，表示歡迎外傭前來光顧。由此可知，外傭已是當舖的新興服務對象，儘量配合她們的需要。

不少人認為，外傭本身沒有什麼財產，她們去當舖典當的，可能是來自偷取主人的物件。無可否認，要是遇上操守欠佳的外傭，是很容易導致家中有失竊事件的。當中，不善理財、要照顧家鄉的親人、誤交損友、甚至一時存有貪念，都成為外傭偷取並變賣主人物品的原因。亦有不少外傭初來港工作，因首幾個月的收入要交給中介機構，加上沒有儲蓄的習慣，一旦需要金錢周轉，就會到當舖套現，至於用來套現的物件是否與盜竊有關，那就不得而知了。正所謂「日防夜防，家賊難防」，有調查所得，每年約有四百宗外傭雜項盜竊的案件，而外傭將賊贓套現的最常見方法，就是到當舖典當。調查所得的數字是四百宗，實際的情況應該是嚴重得多。

舉例說，2015年初，有僱主發現家中有共值一百九十萬元的鑽飾不翼而飛，懷疑與外傭偷竊有關，經過調查後，警方最後拘捕了外傭，但贓物早斷當並已被變賣，相信難以尋回。就算是前任保安局局長李少光的寓所，於2014年也遭到同樣的事件，家中印傭盜取價值逾一百三十五萬元首飾，並到當舖典當套現。至於較多人熟悉的報道，是作家林燕妮於2005年，遭菲傭偷竊一百一十七萬元財物，菲傭到當舖套現了十二萬元，最後，林燕妮要花六萬元才能在當舖贖回財物；而涉案的菲傭其後承認盜竊罪，被判監十四個月。

其實，當舖對懷疑是賊贓的物品，一般都是不會接受的，因為一旦押品證實是賊贓，就會被警方沒收，當舖就會血本無歸。而且，遇上有物主上門討回失物時，案件隨時要交由法庭處理，可能會導致更大的損失。在一般情況下，若物主及當舖雙方達成共識，雙方平均攤分損失作為處理的方法；就算真的需要交由法庭處理，法庭也會按案件的情況，並視乎物主和當舖的疏忽程度，亦有可能判當舖和物主「五五分賬」。

過去，有法庭判物主勝訴而取回物件、毋須攤分損失的案例。在2011年，有菲傭偷去僱主的金鏈，並在當舖典當了八千四百元。物主與當舖興訟，結果，法庭判僱主勝訴，可取回金鏈，並要當舖要支付訴訟費及警方的調查費九千五百元。當中的理據是：案中的菲傭先後三次到當舖典當物品，包括價值是外傭薪酬兩個月的金鏈，認為當舖欠缺足夠的警覺性，在不合理的情況下，接受了懷疑是賊贓的物件。

當舖為免接收到賊贓而招致損失，

對外傭拿來典當的押品，都會小心處理。有當舖甚至不接受外傭典當過分名貴的物品，只會收取他們較廉價的物件；或要求外傭出示有關物品的單據。當然，亦有當舖願意承擔風險，趁低吸納押品，如果外傭贖回押品，則可賺取利息；要是外傭不贖回押品，就可以高價出售圖利。不過，當中是要面對很大的風險，隨時血本無歸。

要減低風險，最常見的手法，是為每件押品定價值上限，即超過某過額的押品就不收，可能是二千，可能是一萬，視乎當舖可承擔的風險而定上限標準。根據香港法例規定，當舖在接受押品時，都會要求典當的人出示身分證登記，如果覺得押品有可疑，當舖更會主動聯絡警方。

典當業日漸息微，需要開拓新客源以維持營業額，而外傭正好給予當舖生存的空間，縱使當中存在一定的風險，但不少當舖仍想大量吸納外傭的生意，以爭取利潤，這也是無可厚非的事。

請進
請進

德華
押

3.9

如果當舖消失了……

曾經，當舖為不少基層市民打開方便之門，提供短期借貸服務。

曾經，當舖幫助等着金錢周轉的人，解決了經濟上的困難。

曾經，當舖充當大型儲物室，收藏了普羅大眾季性節的棉被、衣物。

曾經，當舖成為富有人家的保險庫，暫時保管了貴重物品。

曾經，當舖做了金飾、古董的估價員，並為每件典當物品辨別真偽。

曾經，當舖接收了不少小朋友為抵押品，榮升小朋友的「契爺」。

曾經，幾乎每個基層家庭都入過當舖……

然而，時代轉變了，現在的當舖已沒有昔日般重要，需要在當舖解決經濟困難的人，也明顯減少了。許多人都沒有到當舖，還覺得當舖是神秘的商舖。有人認為，當舖這個行業開始沒落。

或許，當舖的鼎盛期已經過了，將來也不會有舊日的光輝，但並不代表社會已不需要當舖，當舖仍是有存在價值的。

如果當舖消失了，基層市民需要用錢，又得不到銀行的借貸，那要怎麼辦？如果有人急需用錢，連一、兩小時的借貸審批時間也等不到，那要怎麼辦？要是有人想用有紀念價值的物品暫時換錢應急，並希望將來可以贖回有關物品時，那要怎麼辦？若有人想將值錢的物品作抵押換錢，但又找不到買家時，那又要怎麼辦？還有，還有許多情況，只有當舖才能提供協助。事實上，當舖所提供的服務，並不是一般的銀行和財務公司可以代替的。如果當舖真的消失了，只會為市民帶來不便。

或許，當舖在保留原有的傳統特色時，還需要有些轉變，以配合21世紀的需要，變身成為「新式當舖」。這樣，當舖才能夠生存下去，繼續為市民提供方便，也可以保留典當文化，讓這個古老行業傳承下來。

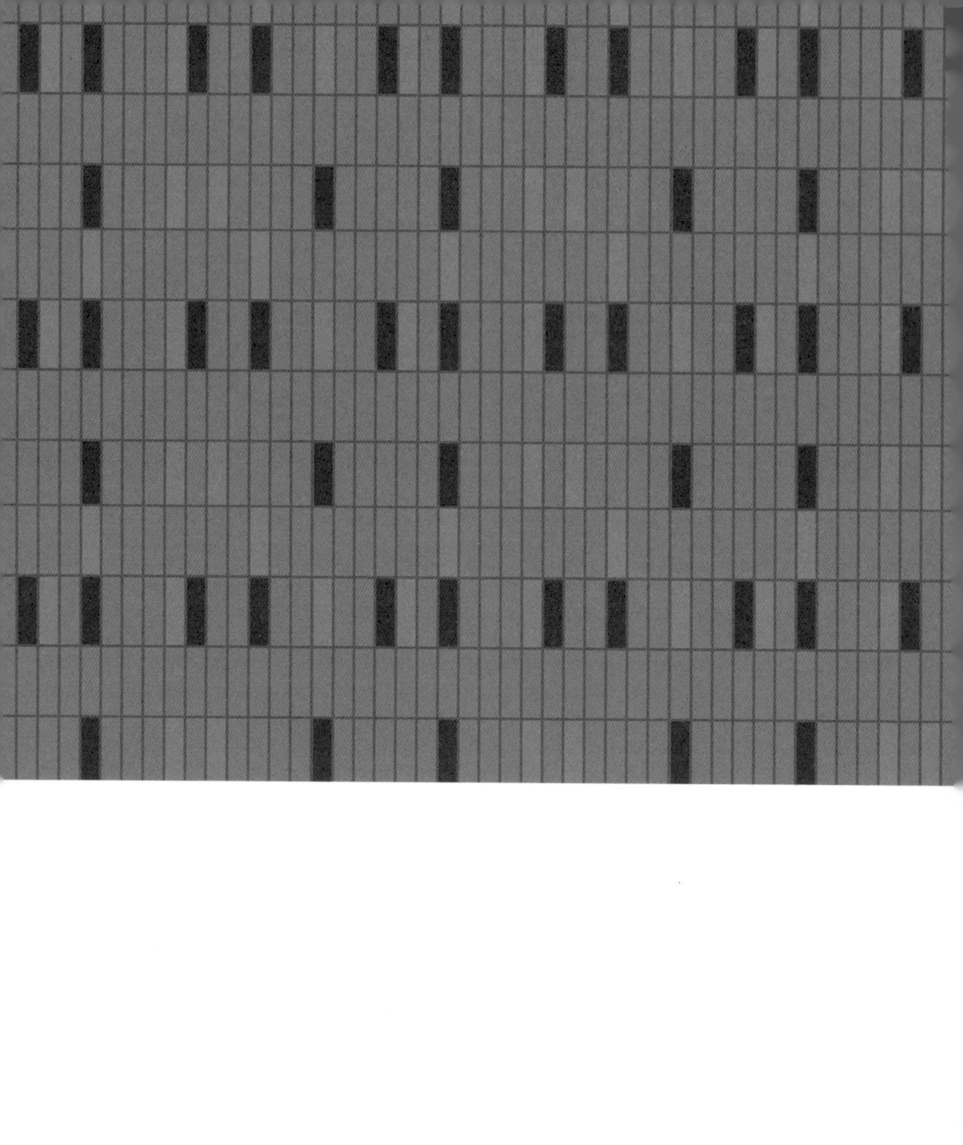

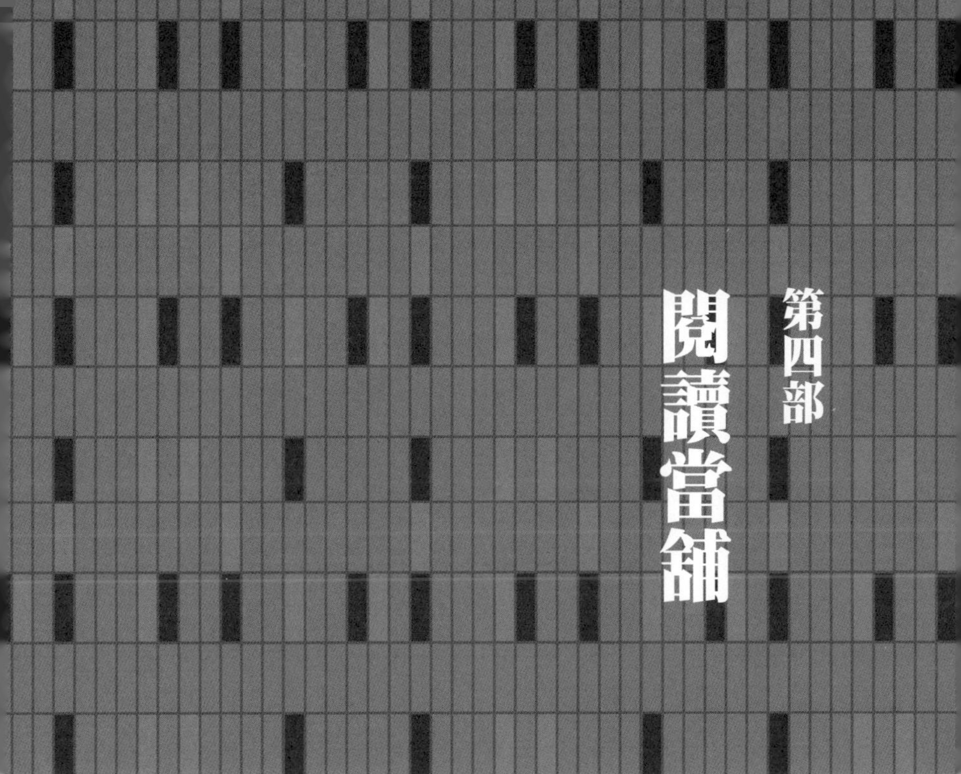

第四部 閱讀當舖

朝回日日典春衣，每向江頭盡醉歸。
酒債尋常行處有，人生七十古來稀。
——杜甫

4.1

典當業大王高可寧

有「香港四大家族」之一稱號的高可寧家族，是香港早期的名門望族。

高可寧（1878-1955），廣東番禺人，是港澳著名的實業家及慈善家。早於1930年代末，高可寧開設「德成公司」承投澳門博彩專營權，專營澳門博彩業長達二十多年。其間，高可寧不斷擴展業務，先後開設及經營多間大中小型的當押店及銀號，其中包括有德生按、德成按、裕豐按、富衡銀號等。據說，在1920-30年代，高可寧先後擁有典當押店逾三百間，遍布省港澳以及東南亞各地，由於他在典當業有一定的成就，故他又被稱為「典當業大王」。

高可寧亦是著名的慈善家，在「德成按」附近的有1941年成立的「同善堂藥局」，就是高可寧捐出的物業；而在「德成按」旁的「同善堂歷史檔案陳列館」，仍放有不少關於他的資料。

雖然高可寧在澳門發跡，但在香港亦有不少當舖。就算到了現在，仍有由高氏家族所持有的當舖，如已被列入三級歷史，位於灣仔軒尼詩道371號的「同德大押」。而位於深水埗南昌街117號的「南昌大押」，原名同安大押，於1950年代初改名南昌押。南昌押是區內有名的當舖，樓高五層，已被政府列為二級古蹟，亦是由高可寧家族持有。另外，位於中環德輔道中的「德榮大押」，都是由高氏家族所擁有。

1955年，高可寧在香港的寓所病逝，享年七十七歲。在香港仔華人永遠墳場，有高可寧與他四位夫人合葬的墓，墓塋的位置在墳場二段六台嚴字「高德成堂」的私人家族墓區內。

高可寧生平史略

高可寧先生，乃廣東番禺官涌鄉人，五歲喪父，幼年即自謀生奉母，年十四外出傭工，繼而從商，以天資聰穎，善於經營，且克勤克儉，遂得有成，平生事母至孝，以出身寒微，不獨富而生驕，且能彬彬有禮，平日之有恩於己者，不特及身厚加酬報，並且加惠其子孫，均出於至誠，可謂古道熱腸，足以風勵敦俗。高氏生平樂善好施，雖處貧困之時，亦唯力是視，比其有以大過於人者也。自躋豐裕之度，鄉閭之寡孤獨者，固蒙其惠，朋友之有困難者，必慨然濟其急，絕無吝惜，嘗興辦其本鄉義學一所，番禺商會夜校兩間，並捐鉅款焉。又設立貧民粥攤，資助葡國紅十字會，此外歷年捐助各慈善機關巨款，不勝枚舉。歷任鏡湖醫院董事，同善堂永遠值理，澳門商會主席及名譽顧問，榮獲葡政府勳章、葡國紅十字會名譽勛章及基利基督大勛章。在澳華人受勛章最多者，以高氏為第一人，四海知名，德高望動。哲嗣九人，均為知名之士，孫兒則多留學英、美，可謂福壽雙全。今不幸逝世，羽化登仙，同人等痛失老成，曷勝悲悼，謹誌芳盈，以垂不朽。

載於《香港工商日報》1955年5月23日

德成按

金公主珠寶
大豐銀行大廈

4.2

29張當票

當舖，是古老的行業之一，但真正認識當舖的人，其實不多。畢竟，當舖不是一般的商店，沒有人會無緣無故內進參觀，因此，當舖予人的感覺就是充滿神秘感。

雖然許多人都沒有踏進過當舖，對當舖的人、景和事，可謂一無所知，但幾乎所有人都可以肯定，進入當舖典當的人，都是為了錢，繼而聯想到欠債、破產，甚至是賊贓，總之，與當舖有關的，幾乎都是充滿負面的事。無可否認，在當舖裏，不難體會到「對於金錢的價值觀念帶了有着負面的觀念和幻覺」，從而「對錢的錯誤理解，人才成了它的奴隸」。否則，一個有正當職業又沒有發生特殊事故的人，不可能忽然在經濟上陷入困境，需要靠典當過活。究竟，當舖裏的世界，是否就是如此？

曾獲得台灣年度華文暢銷作家名銜的秦嗣林，是當舖的從業員，從事當舖這個行業四十年，對當舖內的事可謂瞭如指掌，甚至對前來典當的人，都有一定的了解。他在獲獎時接受傳媒訪問時，提及撰寫以當票為題的故事，就是：「希望藉由故事裏頭那些人物的故事，讓閱讀的人，特別是年輕的朋友，可以去對人去學習，增長智慧，在面對難關時可以更加堅強，人生可以更加開闊。這也是當初之所以願意出書的最大初衷。」

秦嗣林為了讓讀者認識到當舖的真面目，他將當舖內的事，寫成一則又一則的動人故事，先後出版了《29張當票：典當不到的人生啟發》、《29張當票2：當舖裏特有的人生風景》和《29張當票3：門簾外的人生鑑定》。一系列共三本以當票為主題的書，為我們揭開了當舖鮮為人知的一面。

作者先後寫了幾十個與當舖有關的真人真事，內裏真的充滿負面的情節，但作者想帶出的，並不是故事裏負面的內容，而是能在故事中看到的正面人生觀。的而且確，作者坐在當舖內，看盡了人生百態，知道不少失意人在走投無路的困境，亦看到困在局中受到迷惑而不知所措的人。雖然作者未必能為每個前來典當的人施以援手，但希望透過他所遇到的事，讓讀者對不同的人生觀有所啟發，在逆境中找到出路。故事內容是以台灣的社會面貌做背景，但沒有人可以否認，其實，在我們身邊，也有不少類似的故事，只是我們沒有留意吧了。

作者訴說與典當有關的故事，並沒有誇張的小說情節，反而很值得我們思考的內容。舉列說：第一本《29張當票：典當不到的人生啟發》，所講的都是前來典當的人背後所發生的事，從而讓讀者對人生有新的領悟。畢竟，作者在當舖工作多年，「遇到的負面事情永遠比正面多，因此學會了從負面的事情中找到正面的突破點」。作者在多年的典當生涯中，選取了二十九個真實個案，讓我們知道社會上，鮮為人知的陰暗面，而最重要的，是作者在故事之後，點出了他對事件的看法，讓讀者得到更深的體會。無論是沒有血緣關係的兩父子、霧水情緣的異國戀、動用手尾錢創業的大叔、要遠走高飛的珠寶商等，這二十九張當票的故事，都是充滿了人生的滋味。

第二本的《29張當票2：當舖裏特有的人生風景》所講的，是他遇到在當舖工作的人，所帶出的六個故事；以及他在當舖裏遇到的人，所寫成的七個故事。當中，有天下第一孝子之稱的當舖老闆、有專向當舖埋手的騙子、典當了所有物品並在脂粉堆散盡家財的老好人、分隔海峽兩岸的父子等，他們的經歷都是發人深省，足以讓讀者好好思考人生。這些在當舖裏所發生的事，正是「掀開當舖門簾，一窺當舖裏的喜怒哀樂」。

至於這個系列最後一本的《29張當票3：門簾外的人生鑑定》，則是描寫各種到當舖典當的人，透過他們的故事，讓讀者對生命有新的啟發。當中有黑幫的大哥、有縱橫賭枱的賭神、有在舞廳工作的領班、也有舞廳的當紅小姐等，共記錄了十五個不同類型的人物故事。作者記載這些人怎樣與當舖扯上關係，然後述說了他們充滿傳奇的事蹟，也鑑定了他們的人生，從而讓讀者得到更多的人生啟發。雖然他們「多是在社會底層生活的人物，裏頭同樣有許多感人的情節以及發人省思的啟發」。事實上，作者本來就是一個局內人，但他嘗試「走出當舖，體悟一段段新的人生滋味」。

三本書所講的主線都不一樣，但都有一個共同點，就是透過與當舖有關的人物，讓讀者明白到：只要我們咬緊牙關，積極面對難關，就可以開創人生的新階段，甚至能夠將負面的事變成正能量。雖然在現實裏未必能盡如人意，沒有人能逃出命運的安排，然而，在任何情況下，人應該要樂觀積極，接受每項挑戰，就算遇到困境，也不要放棄。這樣的人生，才稱得上是有意義。

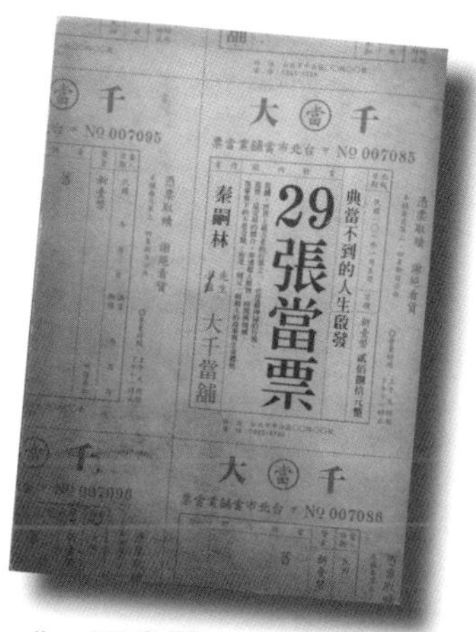

《29張當票：
典當不到的人生啟發》

台北｜麥田出版社｜2012年1月

《29張當票2：
當舖裡特有的人生風景》

台北｜麥田出版社｜2013年3月

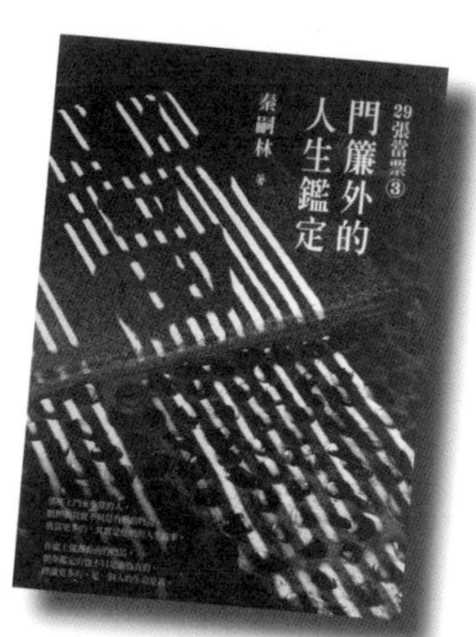

《29張當票3：
門簾外的人生鑑定》

台北｜麥田出版社｜2014年4月

當鋪

| 正男

小時候，每當經過那一間舖子，我都會偷偷往裏瞧。

無他，因為那間舖子跟其他的並不一樣。一般的舖子都會儘量把貨物放在當眼處，吸引顧客，所以只要你一看舖子門前的貨物，總能說出舖子的類型——門前擺放着一排排整齊的蘋果、雪梨，那是水果店；門前擺放着用麻布袋盛着的白米、豆子，那是雜貨店；門前掛着一個個的紙紮金錶、紙紮燒鵝、紙紮手提電話、甚至是紙紮「馬卡龍」的，那是香燭店。唯有那間舖子，門前並沒有任何貨物。它以綠色的長方形小瓷磚作為牆身，有一扇不太大的門。在那一扇門的後面，有一幅稱為「遮羞板」的屏風，幾乎把裏面的情況都遮擋了。假如你偶一分神，你很可能會錯過了那個入口，感覺就像《哈利波特》中的九又四分三月台，只有有緣人，才會找到那個入口。假如你願意花點時間抬頭望望，你就會發現舖子的旁邊有一個很特別的招牌——那是「蝠鼠含金錢」的圖案——寫着一個偌大的「押」字。

不錯，那是一間當舖。

要偷偷往裏瞧，不單是因為它的與別不同，還因為受到電視劇的影響。從前，我對當舖的認識全是來自電視劇，只知道假如劇中人要到當舖，那一定是因為至親有病，又或是走投無路。

於是，劇中人只好拿出傳家之寶在手中摩挲，經過內心的一翻掙扎，才迫不得已走到當舖作為抵押，換來一點點金錢作應急之用。或許是這個緣故，每當經過當舖，總會好奇：究竟去典當的人是否都很潦倒？那件典當的「傳家之寶」又會是什麼呢？

終於，有這麼的一次，給我偷偷看到當舖裏有「顧客」了——竟然是一位外籍家庭傭工！

過去，一切對當舖的想像都幻滅了。從此，我再也沒有興趣看店裏的情況了。

4.4

一支斷了當的筆

| 陳怡玲

那天中午，一個中年男人走到遮醜板前，然後從懷裏掏出一支鋼筆，表示要典當。

我看望着這位中年男子，一身筆挺的西裝裏，感覺佈滿滄桑似的。我接過這支鋼筆，心中充滿好奇及疑問：這支筆能值多少錢？

這位中年男子見我有點猶豫，就繼續說：「我的公司倒閉了，已經沒有什麼值錢的物品。這支筆對我來說，是很有紀念價值的。雖然這支筆未必值太多錢，但我現在已走投無路，迫於無奈，只好典當這支筆。」

我見他有點老實，對他的經歷也深表同情，但在商言商，也不可以做虧本的生意。他又跟我說，在渡過難關後，就會贖回這支筆。就是這樣，我還是決定立下當票，典當了一千元。

典當期過了，那位中年男人結果沒有出現。鋼筆斷當，算是流當品處理了，我將鋼筆放到櫃枱出售。過了幾個月，莫說鋼筆可以收回成本，就算是降價出售，也乏人問津。這支筆只好擱在一旁，希望最終能找到宿主。

又過了不知多少日子，城中一個富二代駕着車到達當舖，然後直奔當舖旁的飾櫃尋找物件。這個富二代是殷實商人之後，而他做事也算踏實，是少數做實事的富商。我沒想過富二代會到當舖找舊物，我馬上上前招呼他：「李先生，你想找什麼類型的物品，我可以為你介紹一下。」

「我想找一支筆。」

「筆？筆的款式和數量都不多，就是這幾支了。」我指着飾櫃的一角。

「就只有這幾支？」

「是。」我點了點頭。

「我想找一支紅色筆幹的，筆幹上刻有一個英文Lee。」

「我印象中，沒有這樣的筆……」

「可能已經賣掉了吧！」

「賣掉了？」富二代的話令我想起那支筆，「還有一支紅色的筆。」

我在飾櫃的另一端取出那支一直賣不去的筆，說：「是這支筆嗎？」

富二代接過筆，用手在筆幹上抹了又抹，高興地說：「就是這支了。」

「就是這支嗎？」

「是，我找了很久。這支筆典當了多少？」

我沒有回應，也不知如何回應，心想：「我怎能說這支筆典當了一千元？這個價實在是高得不合理。」

富二代見我沒有回應，說：「無論典當了什麼價錢，我都願意付五倍的典當價買下來。」

我想也沒想過，這支筆竟然被富二代看上，還願意出高價買了它。我對富二代說：「一千。」

「一千？」

我知道這支筆不值一千元，也不敢再討價，但富二代卻說：「竟然只是一千元，太不像樣了。」富二代說完，就放下五千元。

我接過五千元，不好意思地吐了一句：「這支筆怎值五千元？」

富二代笑着說：「你有所不知，這支筆是我爸爸的，筆幹上有個Lee字，是我爸爸親手刻上去的。」

「這支筆是李首富的？」我不敢相信富二代的話，「首富怎會用這種筆？」

「我爸爸用這支筆時，還是一個工廠工人，」富二代繼續說，「有一年，我爸爸遇上困難，連吃飯的錢也沒有。」

「你爸爸白手興家的故事，幾乎人人都知道。」我接着說。

「你知道我爸爸怎樣渡過難關？」

「我聽說過，你爸爸遇上一個朋友肯借錢給他，對嗎？」

富二代拿着筆對我說：「其實我爸爸遇到一個姓朱的陌生人，他認為我爸爸只要咬緊牙關，捱過這次劫數，將來就會有好日子。那個人，還慷慨地借了二百元給我爸爸。在當時來說，二百元已足夠爸爸渡過難關。我爸爸馬上在衣袋裏拿出一支筆，然後用小刀刻了Lee字，將筆交給了對方，託對方暫時保管這支筆，並表示將來一定會好好答謝他。」

「結果呢？」我追問下去。

「結果，我爸爸真的捱過了困境，還發了達，可是一直找不到那個姓朱的人，沒法答謝他。在一次機緣之下，我爸爸知道姓朱的人已經去世了，而他的兒子也算事業有成。雖然我爸爸未能報恩，但知道恩人的家人生活安好，心裏也覺得安慰。」

「事件算是告一段落吧！」

「如果是這樣終結真的不錯，可是，好景不常，恩人後人的生意突然走下坡，變賣了不少財產；後來，他幾乎要破產，更曾經一度失去音訊了。爸爸得到消息後，非常緊張，要我一定要找到他，協助他渡過難關。」富二代的手緊緊的扼着筆。

「你打算怎樣做？」

「我找了很久，終於找到了這支信物，」富二代仍緊緊的扼着筆，「現在，我要帶着筆，向恩人的後人報恩。」

「你知道他在哪嗎？」

「知道了，現在就出發。」富二代還向我道謝說：「感謝你及時向他施以援手，更要感謝你仍保管着這支筆。」說完，富二代匆匆的走了。

我猜也猜不到，一支平平無奇，甚至可說是毫不起眼的筆，竟然隱藏着這樣的一個故事。

4.5

值得嗎？

| 張彩慧

「媽，我想要一部筆記簿型電腦。我們同學都有，就是我沒有。」兒子死纏爛打的哀求着。

我的心很糾結，家裏哪有這筆閒錢讓他買那樣的奢侈品？不，對他來說，電腦並不是奢侈品，而是學習上的必需品，因他們大部分功課都要依靠電腦才能完成。看着他那閃爍着希望的雙眼，我又不忍心潑他的冷水。我心裏只是想：買電腦做功課，應該值得吧？

我思前想後，還是覺得要讓孩子能好好學習，所以決定暫時借用他外婆送我的嫁妝——翡翠鐲子了。

這天，我趁着該上學的上學，該上班的也上班，只留下我一人在家時，我把壓在皮箱底下的盒子撈了出來，然後帶着這個盒子，走到巷子裏的當舖門前。我抱着盒子，正想走進當舖時，昔日媽媽對我說的那番話，在我耳畔徘徊：「妳要出嫁了，這個鐲子是我的媽媽送給我的，現在是時候交給妳了，將來……」

半晌，一把聲音將我叫醒：「這麼早呀！要典當嗎？」我抬起頭，沿着刻有押字的「遮醜板」向上望，原來是坐在當舖內的「二叔公」對我說。

我點了點頭，走入當舖。

「太太，你想典當什麼？」他公式化的問我。

我打開盒子，拆開包着鐲子的手拍，舉到「二叔公」的案上：「這隻『翡翠鐲子』值多少錢？」

「二叔公」望望手鐲又望望我，說：「三千吧。」

我想也不想，小雞啄米似地點着頭。鐲子的價值並不重要，只要夠我買一部筆記簿型電腦就可以了。就是這樣，盒子裏裝着的不再是鐲子，而是一張當票，還有換來的三千元。我拽着盒子，匆匆地趕到電腦專賣店，又完成了另一筆交易。

孩子回到家裏，看到這部筆記簿型電腦，心裏美滋滋的，她朝我呵呵地傻笑：「謝謝媽媽！」我跟兒子約法三章：只准用來做作業，不能玩電腦遊戲和聽音樂。孩子只是不假思索的機械式點頭，我又再問自己：這樣是值得嗎？

一個月後，在內地工作的丈夫得了急病入了醫院，醫生說是胃部出了問題。他日夜操勞，三餐又不定時，得了胃病是遲早的事。我托在內地的親人付了住院費，但醫院又要催交手術費，否則，就會耽誤了病情。然而，事發突然，我哪來手術費？這晚，我徹夜未眠，還是想不出辦法來。

第二天早上，孩子還未吃早餐，就急忙帶着小書包走了。我馬上跟着孩子，竟然看到孩子走入當舖，然而，過了不久，就被「二叔公」趕了出舖外。兒子垂着頭，目無表情。我走上前，拍拍孩子的肩膀：「發生了什麼事？」

孩子看到我，大喊了一聲「媽！」，然後拉着我的衣角，帶我走入當舖：「你來了就好，你把我的電腦當了，就有錢交爸爸的手術費。剛才那個叔叔說，成年人才可以來典當，然後就把我趕了出來。」

我還來不及反應，就被孩子拉了入當舖。孩子站在「遮醜板」後，把頭抬得高高的，不斷跟「二叔公」討價還價，最終以三千元成交。

我望着孩子，拿出身份證確認了是次典當，然後接收了「二叔公」給我的一張當票，以及三千元踏出了當舖。孩子開心地笑着說：「我們有錢了，我們有錢了！你快把錢送到醫院給爸爸做手術吧！」

我心裏泛起酸酸的、甜甜的味道，我篤信：為孩子做的，都是值得的。

4.6

書摘：〈撕票〉

｜阿谷

伍Sir桌上放着余由田命案案件檔案，他單手掀來掀去，眉頭深鎖。另一隻手拿着行動電話，語氣萬千溫柔地講電話。

「上頭為什麼要我放下其他案件專跟這一單？沒有不妥，我也好奇，看似簡單的命案，又沒有想像的簡單。」

「嗯嗯——嗯嗯——」

「沒有不公平的，我倒喜歡這類懸疑性案件，而且，沒有壓力，不是打劫金舖，不用跟大毒梟搏命。」

「嗯嗯——嗯嗯——」

「看牆紙？當然可以，我一定陪你的。不過晚飯不陪了。起碼，我要把案件理出一個調查方案讓夥記跟進。」

這時，有人在玻璃門外比劃，伍Sir輕聲說：「先掛線。」

「阿頭，有人找你。」幹探阿雄遞過來一張名片。

「易」偵辦諮商事務所，社長居巽圓。

「唉，我最怕簡單事情複雜化——」

阿雄忍笑：「阿頭，這不是你的強項？」

伍Sir聳聳肩：「我實在太多強項啦，請這位偵探先生進來。」

這趟阿雄噗哧一聲笑出來：「我保證，應付這個私家偵探也是你的強項。」

伍Sir繼續埋頭研究，直到一個身影在門口出現。他抬頭，發現一個妙齡女郎站着。她的雙手插在灰色的乾濕褸衣袋內，穿三個骨牛仔褲，平底長筒黑靴，衝着他微笑。

「伍Sir？」

「居小姐？」

對方對稱呼沒有反對，伍Sir便示意她進來坐下。

「居小姐開偵探社？最近接了什麼案件，需要我幫忙？」

「我社剛接了一樁委託，委託人是裕昌的老闆何裘先生。」

「那倒有趣。根據我們的調查資料所顯示，死者余由田，生前是一名保險從業員，但幹的並不出色，有一名兒子，往內地發展。自從兩年前母親因病厭世自殺，余由田的兒子更少回家了。也就是說，余由田近乎獨居。我們以為他從事保險，一定交遊廣闊……」

「明白的，伍Sir。」居巽圓打斷伍Sir。

雖然伍Sir的語氣仍一貫的溫柔，但一味的兜圈子說話，居巽圓知道自己並不受歡迎，而對於一個青年人來說，她還未能夠老練應付伍Sir。

「我還沒說完你已明白了，現在的年輕人果然有小聰明。你明白什麼？」

居巽圓不是伍Sir會喜歡的類型，而且，連他的同事、甚而是他本人也沒有留意，他討厭在工作上被女性糾纏。

「我明白這件案件無論是死者，或者兇手都未有足夠分量懸紅緝兇，而何裘先生也熱心過了頭。」居巽圓像學生回答老師問題。

「原來你真的懂。而且——」伍Sir打住，正色打量居巽圓，然後歎一口氣：「我不願打擊年輕人的雄心壯志，要做賞金獵人條件嚴苛，也有生命危險。坦白說，警方真的會和賞金獵人合作，我就有一份名單，都是值得信任的。但這是保密制，從來不開放給一般私家偵探。」

居巽圓俯身向前，水靈的大眼睛精準的盯着伍Sir如豬的小眼。

「我的委託金很豐厚，伍Sir，我一定不會放棄的。」

「我不能拒絕跟你合作？」伍Sir 反而挨後靠向椅背，心想坐在前面的小姐也自視過高了。

「不能，我有推薦信。」居巽圓笑逐顏開，把信放到桌上。「這是貴警署署長幫『易』事務所寫的。事務所是社企，我們跟貴警署參與了『商伴展關懷』計劃。」

伍Sir一面看信，一面將右腿放上左腿，放下，又換了左腿放上右腿，如此一來，西裝背心顯得相當緊身。

「唔，明白了，我真的不能拒絕。可是還是擔心，必須讓你知道。我這一組CID，以破案神速聞名——當然，這一次，確實有點——可是，一旦破案，你便白做一場了。」

「不會的，委託人已簽了承諾書，至於承諾什麼，當然要保密。只要我履行承諾，他就會如數付款。何況，正如你說，你也未有頭緒，這亦是我的委託人心急的地方。」居巽圓連不應說的一句都說了。伍Sir嘴角往下耷，更像豬了，而你一定不能輕視一隻豬，認為他天生沒脾氣。

「伍Sir，我會視你如拍擋而不是競爭對手。請你放心將直至目前調查所得跟我分享，我保證，我會回饋，我們資源共享。」居巽圓做了一個加油的手勢。

伍Sir苦笑。

「好吧！」很快又變回溫柔和善的伍Sir。

「我正將案子作仔細研究。案件正如剛才的介紹。此外，死者沒有案底，因為工作需要要駕車，但連一張交通告票也沒有。因為要節省電油，同事說他很少駕車，而其實他的客並不多，平常用電話聯絡也足夠。他亦沒有不良嗜好，頂多一個月過澳門金沙賭博一兩次，特別在太太自殺死去時更頻密……」

「等等，他的太太是自殺死去？」

「只是厭世自殺，不要將視線離開主軸。」伍Sir教居巽圓，繼續說。

「他的死有點莫名其妙，我是說佘由田。好像沒有什麼前因後果。因為在他的生活中找不到任何理由會給人殺害。」

「他的身高有多少？什麼籍貫？」

「咦，倒沒有留意。……找到了，身高五呎八吋，是胖子，籍貫是浙江諸暨。這個重要嗎？」

「直覺吧了，直覺覺得可能是有用的線索。伍Sir，你對案件有什麼結論，會循什麼方向調查？」

「讓我再講多一件事，然後告訴你。我們查過當舖，很奇怪，二叔公根本找不到當票的副本，當舖內有鐘錶押物，但都是有當主的，可以追查，卻並沒有這一類的平價鬧鐘。當夥計去查帳簿時，二叔公──，什麼名字？找到了，二叔公陳貴楠說依稀記得余由田的名字，好像來當過東西。因為名字特別，所以記住了。」

「他一定能找出記錄，做朝奉的當然有這分能耐。」

「是的，他找到了，是一對皮鞋，但沒有來贖，所以斷當了。」

「我想看看當票。」居巽圓說。

「這裏。」伍Sir遞給她一個寫着證物編號的半透明塑膠袋，內裏有那半張當票。

居巽圓放在眼前仔細的看了一回。

「謝謝你，請給我看另一張。」

「另一張？」伍Sir不解。

「當鞋的一張。」

「沒有拿回來，不能算是證明，怎可以拿？」

「我真的想看！」

「既然如此，你叫你的委託人給你不就是了嗎？」

「委託的事不能張揚，也寫在協議

《撕票》

香港｜突破出版社｜2015年6月

書上。伍Sir，你就去拿吧，可好？」像妹妹要求哥哥，伍Sir心軟了。

「好吧，拿了回來再通知你。」

「結論是什麼？」

「由於這件案有點不明不白。我覺得犯案是作出一個警號，如果某些犯案者預計的事情沒有發生，還會有後續。我擔心還會有命案。」

居巽圓心中暗喜，感覺真的人不可以貌相，對伍Sir多了一分好感。

伍Sir看看錶，「我要走了。」示意居巽圓離開。

「伍Sir佳人有約？」

伍Sir拿居巽圓沒辦法。「總之有約。」已站起來了。

「多謝你的幫忙。我想有點回饋呢！資源共享嘛！」

「不要說笑了。」伍Sir不相信。

「本來不說的，但你剛才的結論，叫我不得不把我的調查所得跟你分享，我想讓你知道你的想法是對的。」

這一下可引起伍Sir的興趣，「你已經有頭緒？」

居巽圓點頭：「我從鬧鐘和當票入手，從四間當舖取得資料。二十年前，同一個月份，分別有四個人拿相同的鬧鐘舉當。他們的名字分別是夏克、陸國禎、白活和趙華。」

「什麼？」伍Sir瞪大眼。

節錄自《撕票》

4.7

當舖

｜蕭紅[1]

「你去當吧！你去當吧，我不去！」

「好，我去，我就願意進當舖，進當舖我一點也不怕，理直氣壯。」

新做起來的我的棉袍，一次還沒有穿，就跟着我進當舖去了！在當舖門口稍微徘徊了一下，想起出門時郎華[2]要的價目——非兩元不當。

包袱送到柜台上，我是仰着臉，伸着腰，用腳尖站起來送上去的，真不曉得當舖為什麼擺起這麼高的柜台！

那戴帽頭的人翻着衣裳看，還不等他問，我就說了：

「兩塊錢。」

他一定覺得我太不合理，不然怎麼連看我一眼也沒看，就把東西捲起來，他把包袱彷彿要丟在我的頭上，他十分不耐煩的樣子。

「兩塊錢不行，那麼，多少錢呢？」

「多少錢不要。」他搖搖像長西瓜形的腦袋，小帽頭頂尖的紅帽球，也跟着搖了搖。

我伸手去接包袱，我一點也不怕，我理直氣壯，我明明知道他故意作難，正想把包袱接過來就走。猜得對對的，他並不把包袱真給我。

「五毛錢！這件衣服袖子太瘦，賣不出錢來……」

「不當。」我說。

「那麼一塊錢，……再可不能多了，就是這個數目。」他把腰微微向後彎一點，柜台太高，看不出他突出的肚囊……

一隻大手指，就比在和他太陽穴一般高低的地方。

帶着一元票子和一張當票，我快快地走，走起路來感到很爽快，默認自己是很有錢的人。菜市，米店我都去過，臂上抱了很多東西，感到非常願意抱這些東西，手凍得很痛，覺得這是應該，對於手一點也不感到可惜，本來手就應該給我服務，好像凍掉了也不可惜。走在一家包子舖門前，又買了十個包子，看一看自己帶着這些東西，很驕傲，心血時時激動，至於手凍得怎樣痛，一點也不可惜。路旁遇見一個老叫化子，又停下來給他一個大銅板，我想我有飯吃，他也是應該吃啊！然而沒有多給，只給一個大銅板，那些我自己還要用呢！又摸一摸當票也沒有丟，這才重新走，手痛得什麼心思也沒有了，快到家吧！快到家吧。但是，背上流了汗，腿覺得很軟，眼睛有些刺痛，走到大門口，才想起來從搬家還沒有出過一次街，走路腿也無力，太陽光也怕起來。

又摸一摸當票才走進院去。郎華仍躺在床上，和我出來的時候一樣，他還不習慣於進當舖。他是在想什麼。拿包子給他看，他跳起來：

「我都餓啦，等你也不回來。」

十個包子吃去一大半，他才細問：「當多少錢？當舖沒欺負你？」

把當票給他，他瞧着那樣少的數目：

「才一元，太少。」

雖然說當得的錢少，可是又願意吃包子，那麼結果很滿足。他在吃包子的嘴，看起來比包子還大，一個跟着一個，包子消失盡了。

1. 中國當代女作家。1911年生在離哈爾濱十五公里的呼蘭縣出生。在魯迅幫助下發表第一部小說《生死場》，一舉成名。當年魯迅認為蕭紅「很可能取丁玲的地位而代之，比丁玲取代冰心還要快」。1940年二戰，蕭紅流落香港，在貧病交煎中創作了《馬伯樂》、《呼蘭河傳》。1941年因肺結核入住跑馬地養和醫院，被開錯刀。自知復元無望，在病床上寫下：「我將與藍天碧水永處；留得半部『紅樓』給別人寫了。……半生盡遭白眼冷遇，……身先死，不甘！不甘！……」轉了幾家醫院，沒人收留。1942年1月22日，蕭紅被轉到聖士提反女校臨時救護站時，因喉瘤炎、肺結核及虛弱等症逝世。終年三十歲。蕭紅的骨灰一處葬在香港淺水灣麗都酒店的花壇裏，另一處葬在聖士提反女校後院土山坡下。至今沒人發現。

2. 即中國左翼作家蕭軍。1931年九一八事變爆發後，他參與組織抗日義勇軍，1932年因消息敗露逃往哈爾濱。當時蕭紅因欠租而被旅館囚禁，向《國際協報》投了求救信，蕭軍代表報社前往找蕭紅，二人同居。1934年，二人來到青島，蕭軍在此完成了他的成名作《八月的鄉村》。1937年抗戰爆發後，蕭軍去山西臨汾「民族革命大學」任教，隨後前往西安，途經延安時受到毛澤東、周恩來等中國共產黨的領導接見。在西安，他與蕭紅分手，後與王德芬相識並相戀，結為夫妻。文化大革命時被「階級鬥爭」，後獲平反。1988年6月22日在北京逝世。

書摘：《趙子曰》

｜老舍

光陰隨着冬日的風沙飛過去了，匆匆已是陰曆新年。趙子曰終日奔忙，屋裹的月份牌從入醫院以後就沒往下撕。可是街上的爆竹一聲聲的響，叫他無法不承認是到了新年，公寓中的朋友一個個滿臉喜氣的回家去過年，只剩下了趙子曰，歐陽天風，和李景純。趙子曰是起下誓，不再吃他那個小腳媳婦揑的餃子，並不是他與餃子有仇，是恨那個餃子製造者；他對於這個舉動有個很好的名詞來表示：「抵制家貨！」歐陽天風呢，一來是無家可歸，二來是新年在京正好打牌多掙一些錢。李景純是得了他母親的信不願他冬寒時冷的往家跑，他自己也願意乘着年假多念一些書；他們母子彼此明白，親愛，所以他們母子決定不在新年見面。

除夕！趙子曰寂寞的要死了！躺在床上？外面聲聲的爆竹驚碎他的睡意！到街上去逛？皮袍子被歐陽天風拿走，大概是暫時放在典當舖；穿着棉袍上大街去，縱然自己有此勇氣，其奈有辱於人類何！桌上擺着三瓶燒酒，十幾樣乾果點心，沒心去動；為國家，社會起見，也是不去動好；不然，酒入愁腸再興了自殺之念，如蒼生何！

到了一點多鐘，南屋裏李景純還哼哼唧唧的念書。「不合人道！」趙子曰幾次開開門要叫：「老李！」話到唇邊又收回去了。

當當！兩點鐘了！他鼓着勇氣，拿起一瓶酒和幾樣乾果，向南屋跑去：

「老李！老李！」

「進來，老趙！」

「我要悶死了！咱們兩個喝一喝！」

「好，我陪你喝一點吧！只是一點，我的酒量不成！」「老李！好朋友！」趙子曰灌下兩杯酒，對李景純又親熱了好多：「告訴我，你與王女士的關係！我們的交情要緊，不便為一個女人犯了心，是不是？」

「我與王女士，王靈石女士？沒關係！」

「好！老李你這個人霸道，不拿真朋友待我！」「老趙！我們自幼沒受過男女自由交際的教育，我們不懂什麼叫男女的關係！我們談別的吧——」

「先生！大年底下的，不多給，還少給嗎？」公寓外一個洋車夫嚷嚷着。

「你混蛋！太爺才少給錢呢！」歐陽天風的聲音。「先生，你要罵人，媽的我可打你！」

「你敢，你姥姥——」歐陽天風的舌頭似乎是卷着說話。趙子曰放下酒杯，猛虎撲食似的撲出去。跑到街門外，看見洋車夫拉着歐陽天風的胳臂要動武，歐陽天風東倒西歪的往外奪他的胳臂。

公寓門外的電燈因祝賀新年的原因，特別罩上了一個紅紗燈罩。紅的燈光把歐陽天風的粉面照得更豔美了幾分。那個車夫滿頭是汗，口中沸嚇沸嚇的冒着白氣，都在唇上的亂鬍子上凝成水珠。這個車夫立在紅燈光之下，不但不顯著新年有什麼可慶賀的地方，反倒把生命的慘澹增厚了幾分。「你敢，拉車的！」趙子曰指着車夫說。

「先生，你聽明白了！講好三十個銅子拉到這裏，現在他給我十八個！講理不講理，你們作先生的？」車夫一邊喘一邊說。

「欠多少？」李景純也跑出來，問。

「十二個！先生！」

李景純掏出一張二十銅子的錢票給了拉車的。

「謝謝先生！這是升官發財的先生！別像他——」拉車的把車拉起來，嘴中叨哩叨嘮的向巷外走去。

歐陽天風臉喝得紅撲撲的，像兩片紅玫瑰花瓣。他把臉伏在趙子曰的肩頭上， 香噴噴的酒味一絲絲的向外發散，把趙子曰的心像一團黃蠟被熱氣吹化了似的。

「老趙！老趙！我活不了！死！死！」歐陽天風閉着眼睛半哭半笑的說。

「老趙！我們攙着他，叫他去睡吧！」李景純低聲的說。

……

滿天的星斗，時時空中射起一星星的煙火，和散碎的星光聯成一片。煙火散落，空中的黑暗看着有無限的慘澹！街上的人喧馬叫鬧鬧吵吵的混成一片。鄰近的人家，呱嗟呱嗟的切煮餑餑餡子。雍和宮的號筒時時隨着北風吹來。門外不時的幾個要飯的小孩子喊：「送財神個來啦！」惹得四鄰的小狗不住的汪汪的叫。……這些個聲音，叫旅居的人們不由的想家。北京的夜裏，差不多只有大年三十的晚上有這麼熱鬧。

節錄自《趙子曰》

《趙子曰》

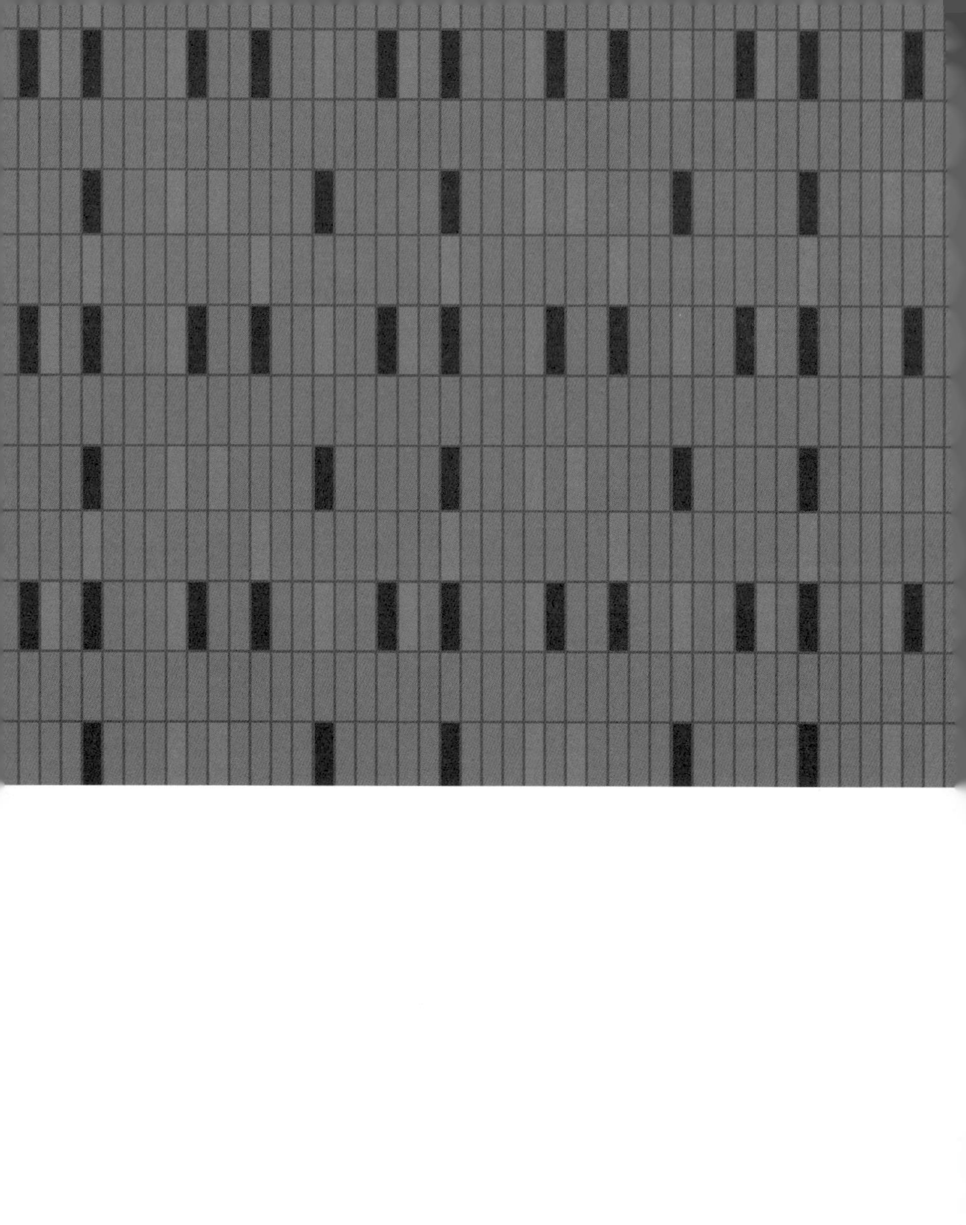

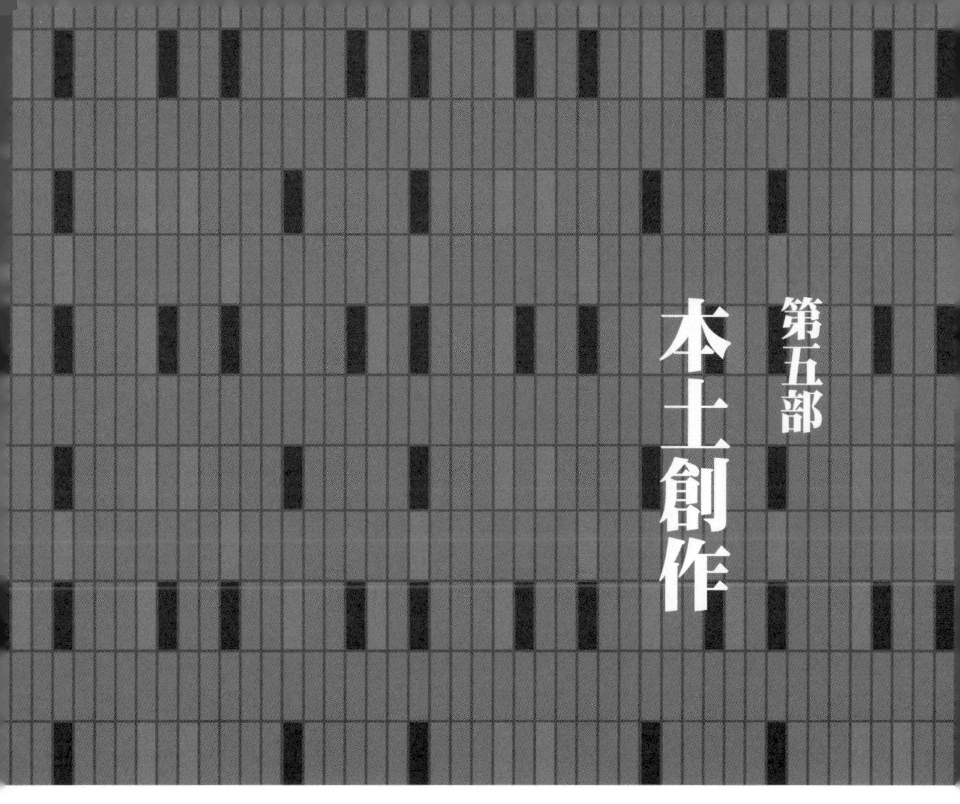

第五部 本土創作

5.1

當舖

| 文於天

舊物

我有三四件

長的信上記載了一列欠單

一盒企鵝出版社明信片

寫下無數荒野和雕像

一張椅子隔開了一座城市

雲雀飛越海般的時光

對面的人說：「以房子交換建築

以生活交換破損的掌故」

那些完成不了的回憶

練習着隱沒的藝術

已鹹得難以吞嚥

大廈外面是六十年前的雨

電車小得像一隻蜜蜂

飛過了一片花叢，懸於雲外

黑色的一半

雲霧中的路人走進當舖

你們與我相遇

你與我相遇於

青銅器物和棉被璀璨無比的時代

又被鐘錶和玉石隔開

在富德樓上，作家們坐着

他們把煙蒂扔到窗外後便深入大雨

我已無法穿透灰暗的玻璃

看見對面的你

這是一所早已不存在的旅館

時間把它典押在風景內

隨42號巴士向北角碼頭開去

徹夜未眠的升降機

要多久才能駛向一個

別無所求的星球

就算如常行走於西式平坦的文明中心

遠方的煙囱持續不斷的憂愁

又下了一場雨。

在補鞋匠的眼中

大都市與海是無比幽深的

你是飲入沉思的三四件舊物

過了這麼多年後

我開始忘記早已成為一朵凍雲的驕傲

訂下一個價目，劃了大押

填入朝奉陰沉的掌紋

除此以外，別無防禦

後來仍不能明白重建價值的意義

以割棄及劃掉

掩埋及抽空

丈量時間蜿蜒的背景

在那裏我並不能望見銅鏡裏面的燈飾

閃亮璀璨的燈飾默默枯萎

當升降機拔地而起

發出升空的花火

地球仍然住在那間小小的屋子內

門口倒懸着的蝙蝠

飛進了鏡面內一座塑膠樹林

當掉憂愁和羞辱

卑微就像充了電的夜色

熄滅了一列城市

我和你，還有界於我們之間的那場不滅之雨

四四方方摺成了各自的賒物

隨42號巴士向北角碼頭開去

許多人睡在顛簸的夢中

拔地而起的大廈隨升降機起飛

穿過一面一面灰暗的玻璃

我們站在彼此的碼頭

隔着一海比喻。

像一部探討生命的科幻電影。

像同德大押終於駛向孤獨的星際

擺脫了一個複雜的星座。

你與我便又相遇於大雨之中

重新形容一遍旅行的目的

買一盒企鵝出版社明信片
你說在一個遙遠的地方
會成為全新的人

這一切
在巴士停站後終結
之間被狂亂的世界隔開
我們依然被三四件舊物
抵押在一場
完成不了的雨

2015.4.15.

5.2

證據

| 張佑寧

（一）往事

如果物件是存在的證據
那麼典當只是一種誠實的割捨

比如　我認認真真跟你招了
我曾在她不為意時　拿走一隻六筒（噓）

灰白的一綑頭髮
像極了擱在渠蓋子上的穢物
她住深水埗
旁邊還有阿姨阿叔與發黃的阿狗
圍住四方綠毯上並排着的一枚枚碧玉
俐落的碰撞聲　像一個算盤忙着計算她的利息
直至　綠毯上生出一層油
好似
桌面下方的抽屜自會供給錢幣

如果沒有

（把你支錶拿去當了吧）

（把你的倒楣手拿去砍了吧）

（把你的靈魂與肉身割捨了吧）

而我在一旁

沉默地偷萬子　與觀看430

（二）價值

如果城市是一張桌子

那麼當舖就是桌面下方的抽屜

抽屜下有縫隙

有一紙當票　壓在那旮旯之中

還有某段深沉的記憶

被推擠到抽屜後方

在桌上提筆

書寫一篇詩　一首歌

還不如記賬來得實際

抽屜內的物件愈發褪色　衰敗

多半不再贖回

可那分明一直都在的當票

卻總是找不着

（三）證據

你瞧　那蝠鼠口中的錢幣如今貶值

早敵不過一串串金燦燦的脖養豬

當這城市　誠懇的祝福多餘得可以變賣

棉被手臂勞力士靈魂與所有證據

與及她在這地押下的　最終流當

我們都趕不及

在城市的規則作廢前

來贖回一種磨不破的寶石藍情懷

如果城市只是一紙當票

那麼能否憑票贖回　我們存在的證據

共榮大押

| 布正峯

安心百貨打烊，西裝部的珠姐和嫻妹身兼服務員和清潔員，既執拾衣衫也吸塵。嫻妹年輕有力，把幾車衣架推到一邊。珠姐老眼昏花，發現櫃邊幾個小塵球之間有股無形的力量排斥，沒纏在一起，叫嫻妹彎腰看看。嫻妹敬老，撥開塵球，驚見一顆閃爍的晶石，好想尖叫。說時遲，那時候，珠姐已伸手按住嫻妹的口，竟似要殺人滅口。

「低調！」珠姐低聲嘶叫。

是一顆一卡半左右的方形鑽石。兩人換了便服，商討怎樣處理。談到自己戴，她們都揮手搖頭，免得天天望見都心虛，更重要的是，誰戴誰付錢，倒吃虧。談到拿去賣，嫻妹實在太年輕了，只知世上有周生生、周大福和六福會收買珠寶，但沒單據、沒GIA證書的讚石，它們是不收的。珠姐是老香港，說可以去當舖，說罷便帶嫻妹去了大街的泰昌大押。

珠姐說就天下無敵，其實從來沒去當舖當過東西。上市公司泰昌押業的泰昌大押，對她來說只是一隻不升不跌的股票。倒是珠姐她媽，冬天當風扇，夏天當棉被，辛苦養大她，才對當舖有真切的認識。由於兩人夜奔當舖當鑽石，相當有嫌疑，珠姐竟硬着頭皮建議自己一個人獨闖大押，甚有長輩風範。

當舖如妓院，都是古老的行業，珠姐初次光顧，繞過遮羞板的時候果然十分害羞。

「又偷嘢當！」老闆怒喝，「信唔信我報警拉你丫啦！」

平地一聲雷，轟得珠姐花容失色，但原來老闆罵的是一個菲傭。菲傭見今晚討不到好去，捧住她那隻金豬敗走。

珠姐在百貨公司服務多年，一直以顧客為先，得過不少最佳服務員獎，如今身處當舖，「顧客至下」，光管泛綠，石牆冷硬，再見老闆嚷着要報警趕客走，嚇到不見了三魂七魄。

老闆接過珠姐奉上的鑽石，用平淡如有線電視電話錄音的聲線問珠姐有沒有單據和證書，好像已經循例問這問題問了五千幾年。珠姐虛怯，不敢直視老闆的眼睛，只搖頭說沒有，還以為老闆已開始質疑鑽石的來歷。其實當舖收貨，必需登記客人的香港身份證，也未致於整天擔心收到賊贓。

老闆用放大鏡看看完鑽石，再看看珠姐，判斷鑽石是值錢的，珠姐是膽小的，得出二萬五的結論，務求賺到盡，多收公司幾百塊佣金。豈料珠姐活到這把年紀，也不是白活的，「有冇搞錯呀，一卡半的鑽石，起碼都十萬啦！」一氣之下，未待老闆罵她混吉，就拿了鑽石走人，還跟嫻妹投訴，說老闆離譜。嫻姐在門外等她的時候，已經上網查得法例規定當舖最高出價只是五萬元[1]，幫老闆罵珠姐：「你先混吉」。

兩人轉移陣地，乘車去窄巷中的一間當舖「榮大押」。珠姐剛才受到不少打擊，在十五分鐘的車程中，不停分享五分鐘的光顧當舖經驗。嫻妹不斷點頭虛應，自顧自的上網看顧客心得。原來當舖決定押價，看貨也看人，十分主觀。如果客人生有一副爛賭倒楣相，老闆判斷他沒錢贖貨，自然會將押價壓低，不賺利息賺差價；如果客人行為舉止大方正派，貌似將來有錢贖貨，老闆自然較大機會提高押價，多賺利息。

嫻妹認為這道理可信，踏入榮大押的時候刻意顯得鎮定。還先聲奪人問：「當唔當到五萬？」榮老闆用放大鏡看了看鑽石，爽快答應，登記了嫻妹的身份證，便給她五萬現金，當票一張。嫻妹輕易取得最高押價，跟珠姐各分得二萬五千，意氣風發，卻沒意識到榮老闆以前也是個賺錢不手軟的角色，否則焉能存活至今。

原來榮大押是榮老闆七十年代買來的自置物業。以前香港生活艱難，當舖生意特別好，榮老闆殺價也殺得特別兇，賺了貧苦大眾的錢，買下舖位，娶老婆，生子孩。兩個兒子長大後，淨是「家用」都夠榮老闆衣食無憂。現在香港相對富裕，當舖生意已不如前，招牌光管壞了都懶得修理。榮老闆繼續經營，純粹是為了打發時間，製造就業，與人方便，回饋社會。乍聽，真像個社會企業家。

年老得子未必可喜，年老得錢無傷大雅。珠姐實在太興奮了，數天後，跟她大嫂一家飲茶，忍不住分享路必拾遺的心得，說到押價由最初的二萬五千變成五萬，犯罪證據（當票）的持有人由自己變成嫻妹，更是沾沾自喜。豈料大嫂一盤冷水照頭淋：「當舖隨便睇睇都收五萬，粒鑽石仲唔值十幾廿萬？我係你同事，就靜雞雞自己贖番。你地唔贖，俾我贖。」珠姐三省吾身，發現自己原來不是狼，是羊牯。

唉，計是大嫂的，珠姐怎好意思跟她搶鑽石？若有所失地打電話給嫻妹，說大嫂想把鑽石贖回來。嫻妹把犯罪證據藏在抽屜底好幾天了，不安已久，如今有人肯用真金白銀把賊贓贖回來，立即舉腳贊成，約大嫂見面。

大嫂下午取了當票，便去榮大押贖鑽石。當舖月息三厘半，即年息四十二厘，算起來利率高過許多高利貸。大嫂雖然隔了幾天就贖貨，但照行規，也需付足三個月的利息，即五千二百五十元。之後的日子，大嫂請了GIA鑑定鑽石，又請珠寶店鑲鑽介，花了整整一萬元。參考GIA的數據，珠寶店說淨是這顆鑽石，估計值十八萬。

珠姐嫻妹真好運，大發橫財二萬五。大嫂也好運，用幾萬元買到一隻十幾萬的鑽戒。闊太更好運，掉了鑽石竟然沒想過回頭尋。榮大押的榮老闆最好運，撚撚鬚便賺了五千幾，心情一好，便想到請人搭棚修理招牌光管。數天之後，一個「共」字通電，榮老闆的大押再次亮成「共榮大押」。

1. 2009年後，最高押價升到十萬，當舖生意額大大提高。

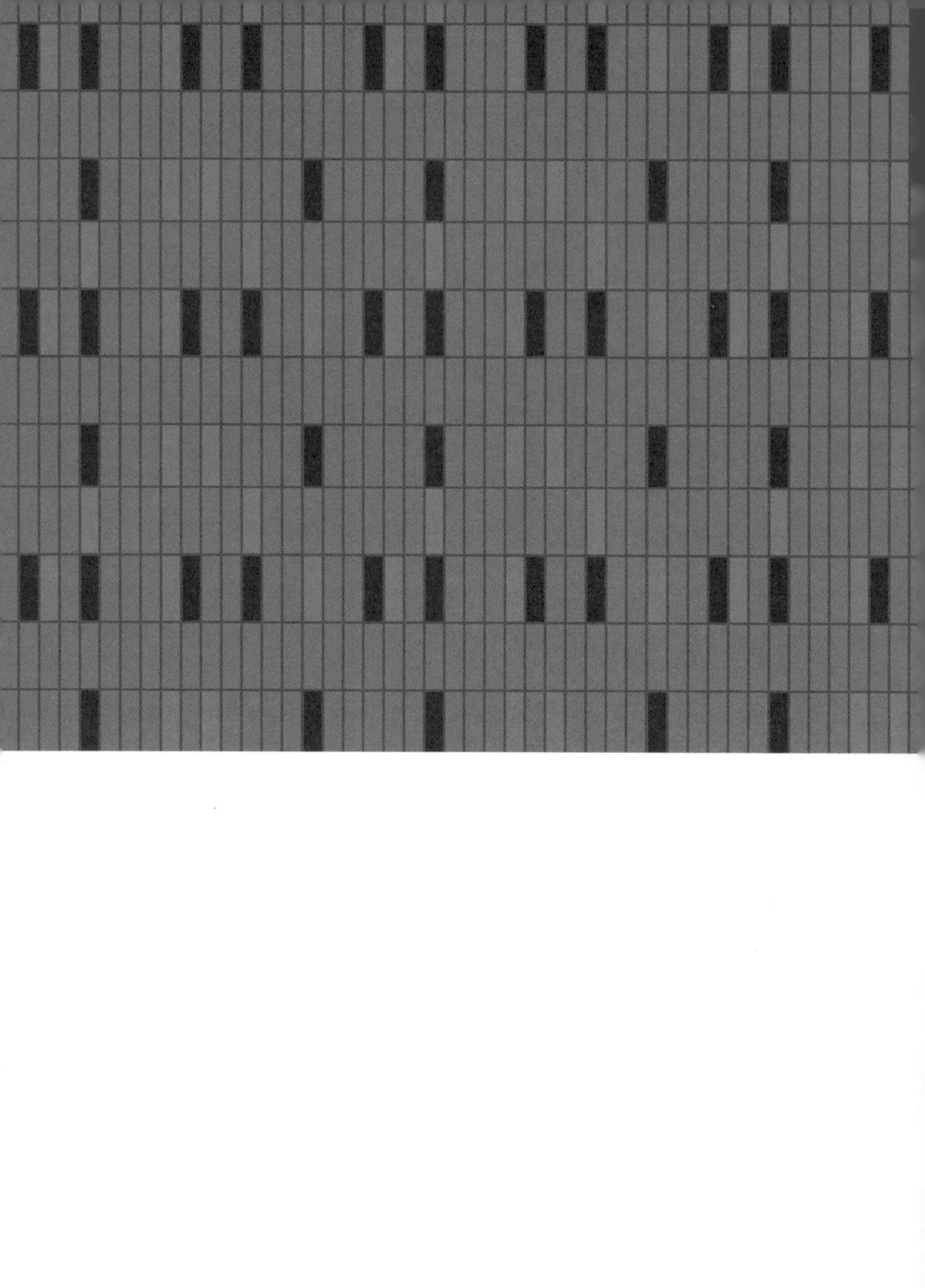

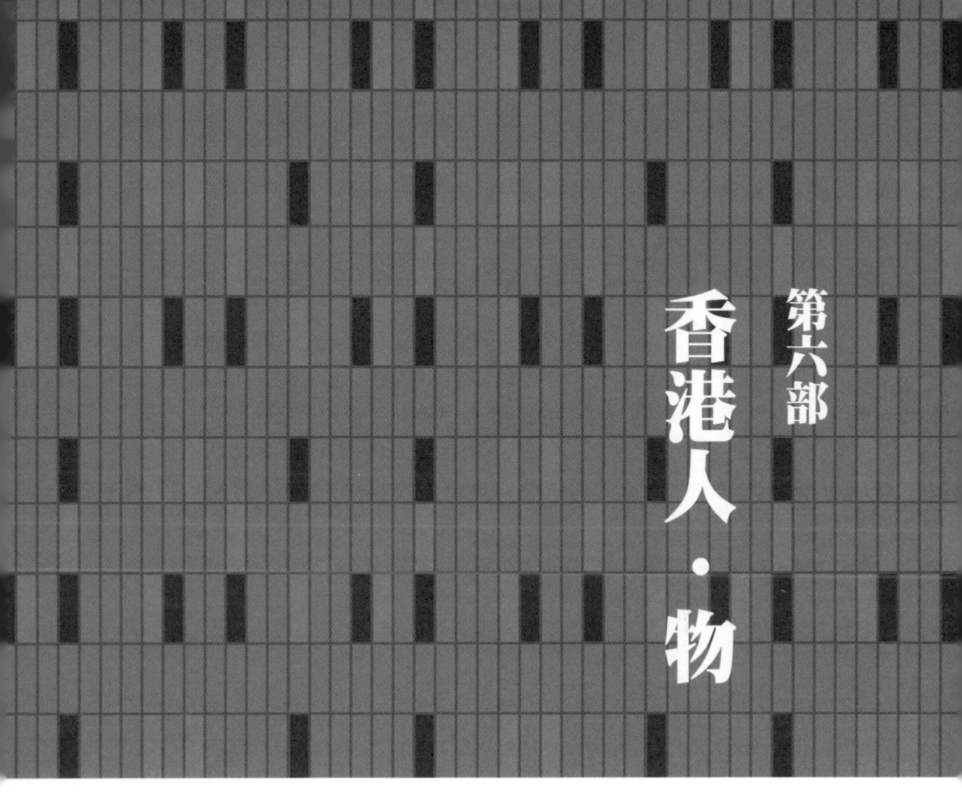

第六部

香港人・物

6.1

永生押

｜程思傳

黃先生，曾在當舖工作三十餘年，從「後生」做到「朝奉」，算是老行尊，依然謙稱自己不夠資格接受訪問，「有不明白的地方，我可以儘量解答，不過唔好出我個名啦，還有很多前輩」。現在，離開當舖業的他，依舊對這一行熱心，期望讓新一代了解當舖。談了一會，釐清了一些疑問，問有沒有機會去當舖參觀一下，他立馬撥了一通電話，就帶我們走訪一間傳統當舖——永生押。

一直以來，當舖神秘，店裏一塊「遮醜板」，彷彿把當舖與街上的一切隔絕。「遮醜板」以後，有着兩米高的櫃檯，朝奉高高在上，當物的人只能將當物高舉，無法窺視裏面的一切；而櫃檯以後恍如另一個世界，能夠踏足的人少，有如進入銀行的保險庫，關卡重重。

關於當舖

永生押位於紅磡觀音街，1970年代開店，1983年搬至該處，直至現在。店主「標叔」李家標，由十四歲入行，一做五十幾年。他的店裏掛着「港九押業商會會員證」，泛黃的底紙正代表這間老店的歷史。當舖有傳統的算盤，也有「馬紙」（與當物包在一起，以確保當物的號碼），但隨着時代的進步，也引入電腦、計

算機、電子磅，標叔笑說這是「傳統與科技並行」。

新一代對當舖幾乎沒有任何認識。以為香港繁榮，在買某牌子電話都要通宵排隊的年頭，當舖沒有生存空間，事實不然。雖然當舖的規模愈縮愈小，不如從前的佔地幾層，但存留的小型當舖依然不少——依據港九押業商會在2012年的資料，會員當舖仍有一百八十六間。曾經，在借錢不易的年代，當舖有着重要的角色，為小市民解決燃眉之急，幫助小商戶提供生意周轉；如今，低息貸款隨處可見，借錢愈見容易，當舖的生意無可避免地愈見困難。

從街外看入當舖，覺得裝潢古舊，但當舖始終是為客人提供資金周轉的行業。店裏隨時儲存大量現金，以至客人的貴重物品。因此，問他們做當舖最重要是什麼，他們不約而同地回答「誠信」。標叔補充，「地上任何東西都是公家的！」偷了夾萬的物件，不是偷了老闆的，而是客人的，是非常嚴重。除非日期

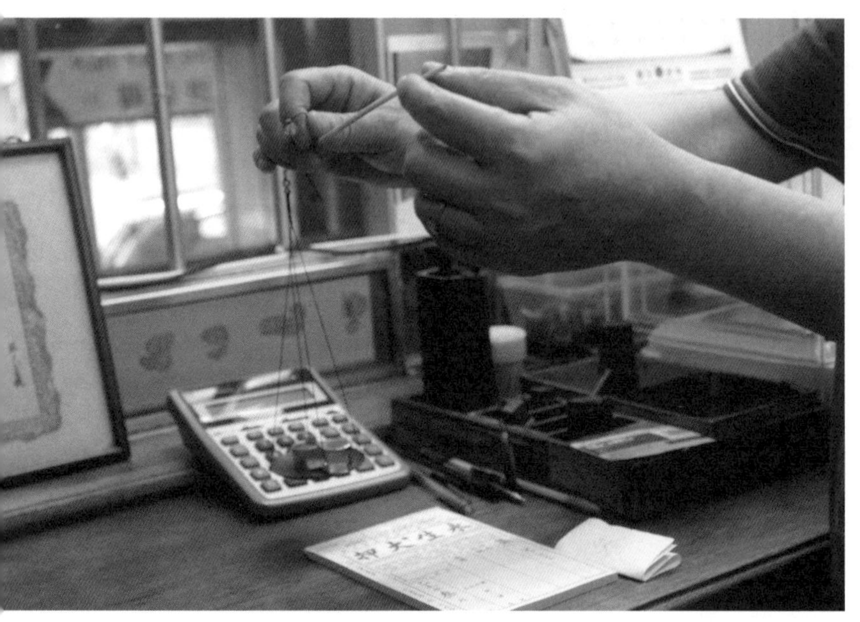

到了，客人仍未續期，物件斷當，否則他們不能擅取客人的當物。在這一行，最講信譽。

當舖最講誠信，不是任何人都能入行，做當舖的大多是由熟人介紹，黃先生回顧他入行的70年代，他也是跟着親戚闖進這一行。為什麼想做當舖？「找工作不容易」，黃先生坦白說，「而且，當舖人工高。」當黃金還是二百多元一兩的時候，在當舖工作也有二百多元。那時，當舖重要，一日有過百號生意，高峰期還能有上千號生意，今日自然不能同日而語。生意額如是，員工數目如是。他數數手指，說明從前員工有朝奉、票檯、摺貨、後生，還有伙頭，有的超過十人；現在頂多只有兩、三個人。

當舖的二三事

有關當舖的故事很多。當社會不如現在繁榮的時候，當舖對市民的作用超乎想像。除了最普通的典當之外，有人工作以日薪計，上班以前，只好拿一些物品典當，換幾元幾角，應付一家的三餐；晚上放工回家，賺了工錢，贖回物品。又，有的人住在木屋、寮屋，治安不佳，索性把當舖如保險箱，同樣早當晚贖。還有一些人，不是資金不足，典當只為取個意頭，就如賭徒迷信，每每當物以後才去賭錢。

那麼，從前的人多當什麼？標叔一句豪語「除了棺材，什麼都能當」；黃先生也說，「你無法想像的東西都可以當。」棉被、西褲、皮鞋、西裝，甚至內衣，連銅鈸、電踞通通能當。當說到內衣時，我一臉孤疑，他解釋是「秋蟬牌羊毛內衣」，「那時坐車只是一角，幾元已經很多了。」

現在，借錢周轉相當容易，不計強調短時間內批核的低息貸款，就連大學生隨時都有幾張信用卡透支套現，當舖的功能彷彿被漸漸取代。上當舖的人不多，大多是上了年紀；而當物的種類亦都不同，沒有再像從前的日用品，而是換了奢侈品，如手錶、玉器、鑽石之類。

翻看舊資料，發現從前還有一個關於「當仔」的習俗。「當仔」不是真的把嬰兒典當，換一筆金錢周轉，而是在很多人眼中，當舖屬於偏門行業，做當舖的人算是命硬，若有人擔心嬰孩

養不大，就把他「當」給當舖。現在櫃面會裝上防彈玻璃，舊式的則設有一道活窗，當當物太大件，就從活窗接收，嬰孩如是。父母將嬰孩遞高，朝奉從活窗接過嬰孩，再讓父母進入當舖。朝奉會在紅紙上寫上「長命富貴，快高長大」之類的吉利說話，再交給父母。「當仔」不牽涉金錢，多以生果代替，標叔說當年他在上海街工作，水上人甚至會拿雞、魚、肉等。不過，說起「當仔」，他們再三重複「最重要記得續期」。續期續至幾時雖沒有明文的規定，但「通常是孩子長大了。」那麼，現在還有人「當仔」嗎？標叔搖搖手，「最近一次都已經是十年前。」他們說，現在這一輩人都不信這回事，而且新一代的朝奉也未必懂得這個做法。

當舖息微

談到最後，問到黃先生對當舖的未來有什麼看法。他坦言，社會發展不同，空間愈來愈少，租金昂貴，令當舖生存有困難，他不太悲觀，也不太樂觀——他相信，當舖總會找到它的空間。

一通電話，就能立時讓我們走入店內，進行訪問，二人的關係不言而喻。問他們認識了多久，「四十多年了，標叔是我大哥以前的同事。」黃先生笑說。在訪問的途中，提起了另一間著名大押——他們二人立刻又拿起電話，聯絡對方的負責人。在短短幾小時的訪問裏，他們毫不吝嗇地介紹當舖的一切，熱心地分享，訴說着這些漸漸被時代遺忘的故事。

現奉
香港政府諭凡押物人必須報真姓名住址並須將身份証或護照提出登記否則乃屬違例

Please take notice that by order of the Government any pawner must give his/her full name and address and produce his/her Identity Card or Passbook as well otherwise the pawn will not be dealt with.

THE HONGKONG & KOWLOON PAWNBROKERS' ASSOCIATION LIMITED.

6.2

港九押業商會有限公司

許多行業為了團結行內的員工，以及維護本身的利益，都會成立工會或商會，典當業也不例外。這個由典當業成員組成的商會，稱為「港九押業商會有限公司」。

雖然典當業在香港已有逾百年的歷史，但一直以來都沒有成立同業商會。直到戰後，典當業在香港經濟未恢復的時候，得以發展起來。從事典當業的商人藉着這個機會，決定成立商會，以便聯繫行內人士。於是，港九押業商會於1947年正式成立。初時，商會的會址在皇后大道西153號4樓，而首屆的理事長是羅裕積先生。

商會成立後，幾乎所有從事典當業的人士都有加入商會，奠定了商會在行內的地位。1954年，商會開設新會所，地址是灣仔洛克道499號至501號2樓。當屆的理事長是顧超文先生，他在新會所開幕禮的致詞中，清楚說明了商會成立的情況，致詞的部分內容是：「同溯自1860年本港政府頒佈典當則例後，本會即告成立，迄今已有九十餘年之歷史，不過當時係稱為『行』，且無具體組織耳。1945年本港重光，本行各號以地方初靖，多未復業，曾承華民政務司之敦促，早日復業，以協助流通金融，因當時一般不民手上所持有者，祇係軍票，而無港紙，生活至為困難，當由老行

港九押業商會
顧超文題
港九押業商會有限公司

502

尊羅裕積、馬伯純、黃貫田、邱禮諸先生，奔走聯絡，復業者日眾，本會亦乘此時機改造成立，稱為港九押業商會。數年以來，對於保障會員權益，溝通官商意見，貢獻頗大。須知地方上之繁榮有賴於金融之流通，而當押業則為金融樞紐之一部，其他則為銀行與銀舖，銀行與銀舖往來者多為大商號，而當押業則對一般無恒產之平民，緩急相通，關係至為密切，故中國尤其是廣東，對當押業一行，至為重視，良有以也。」

當時，共有七十三間當舖成為商會會員，到了今天，從事典當業的，幾乎大部分都有加入商會。現時共有會員當舖約一百七十三間，分佈全港各區（除了離島區外，其餘十七區均有商會會員的當舖），商會有一定的規模及行內認可的地位。

商會成立後，為行內定立了不少規定。舉例說，原來，商會的會員押店，只有新舊曆元旦日可以休息。典當業的假期較少，主要的原因是，當舖是為有需要人士提供經濟方便的地方，就算在節慶日，也需要為市民施以援手；加上在「有當有贖」的原則下，當舖有需要讓典當了物件的人，在任何日子裏，都可以贖回物件。到了1965年，商會打破傳統慣例，為了行內員工能享有戶外活動的假期，建議增加兩天假期。在原有的新舊曆元旦日假期外，遂增加多兩天假期——端午和中秋均是休業。為了方便有需要人士，在放假前，商會亦會建議在休業前延長工作時間，讓有需要人士提供方便。

另外，為了團結行內的員工，以前商會每年均會舉辦團拜，地點是商會會址；現在已改為春茗活動。

現在，商會的會址已搬到九龍漆咸道北502號地下，繼續為屬下會員提供聯誼服務，以及做好與政府的溝通的工作，為業界爭取權益。

押業商會新會所
前天舉行啓鑰禮

▲港九押業商會洛克道新會所，前天下午舉行啓鑰，同時舉行贈診所開幕典禮。參加來賓有百餘人，由胡兆熾主持啓鑰。會後設鷄尾酒款宴來賓。據悉：該會有會員押店七十三家。

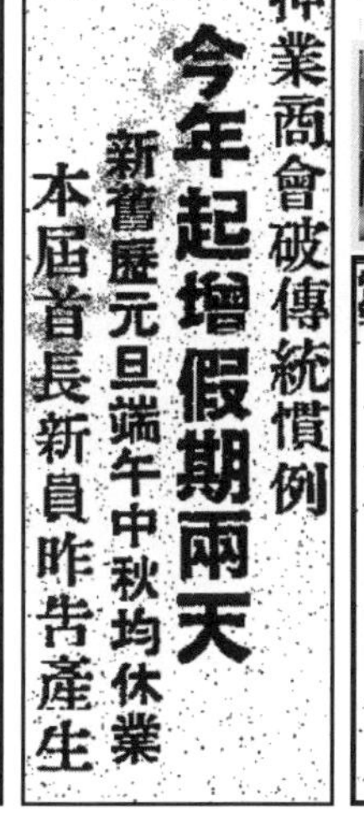

押業商會破傳統慣例
今年起增假期兩天
新舊曆元旦端午中秋均休業
本屆首長新員昨告產生

全港當押業
除夕延時初一休息
押業商會初四團拜

（特訊）港九押業商會理事長莊維昨發表消息稱：關於農曆歲晚及新年全港押業之作息時間，業經訂定如下：大除夕——延至午夜十二時收市；正月初一日——全日休息；初二日——照常營業。

後記：好有情的當舖

｜黃㒿坤

為什麼當舖在現世代站得住腳

《我哋當舖好有情》的編排次序先從歷史開始。當舖是非常能夠反映一個地方的經濟和社會變遷。第一部分談到香港當舖業的發展。在19世紀，香港當舖集中在幾個區分：元朗、筲箕灣、上環、紅磡、油麻地、坑口、九龍城，新界和離島也有一兩間當舖。這些區分，當時都是勞動人口聚散，或者是貨倉林立、運輸交匯的隘口。黃競聰在〈香港最古老的當舖——元朗晉源押〉一文寫道：

> 元朗舊墟是元朗第二代墟市，由錦田鄧文蔚倡建，墟內有三條主要街道，分別是利益街、長盛街和酒街。從前，每月逢三、六、九日為墟期，鄰近鄉民紛紛運送農產品到墟市販賣，並從墟市購回日用品。每逢墟期必然人頭湧湧，熱鬧非常；當商旅採購貨品現金不足，每每在就近當押店貸款周轉，促進當押業在墟市的發展。

將場景移往上環的20世紀，可以虛擬出另一個經濟活動狀況。碼頭上，一艘艘運送鹽油米的船隻泊岸。貨倉前，站滿了等待受雇的苦力。身體強壯的被選上了，彎下腰，扛起一包包重如石頭的貨物，但嘴角甜絲絲——今晚的飯菜有了着落。沒有派到工作的苦力，趕快到附近一家當押店，隨身找出一件物品押給二叔公。二叔公知道他等飯開，無論典物值不值錢，不多不少，押價只給一餐五六口的白飯青菜。苦力低着頭從當舖走出來，心裏盤算如何分配零星金錢，一不小心，撞上趕來籌集周轉資金的外鄉小商賈……。

當舖有點江湖救急、應運而生的意味，並沒有自己完整的想法，只管順着社會的需要步伐。而是到了二次大戰以後，故衣忽然大量地需求，讓當舖業界摸索到一條屬於自己的獨特商業經營模式。

> 二次大戰期間，香港百業蕭條，典當業亦受到嚴重的影響。在這段期間，由於市民對故衣（二手衣物）的需求很大，故衣店的生意很好，有些當舖與故衣店合作，將屬於流當品的故衣，送到故衣店出售而獲利，成為當時其中一個主要的生存之道。當時，故衣可以售給香港有需要的人，也可以轉運到內地圖利。（〈當押歷史與發展〉）

營運的方式，不單斤斤計較於一當一贖的利錢，更在於流當物品衍生而成的另一個行業——二手貨物的一買一賣。開始錢搵錢，開始有社會目的，有規劃藍圖。

而真正讓典當業壯大，還得等到七十年代末，八十年代始，民生改善，社會經濟穩定。當押物品不再只是衣服鞋襪的一般日常用品，也有消費物品用來典當，有一種典當物成了行業的金蛋——手錶。根據1967年9月《華僑日報》的報道，「押入物品，斷當者不少，其中以手錶及服裝尤為顯著。蓋一般心理，在此時局中，多不崇尚豪華享受。比如說，原配戴千元之名貴手錶，典當以後退而思其次，另行購買數百元之新手錶，故意不予取贖，又如原日配戴二三百元者，典當以後，亦可能改買百餘元者。」可以想像，當舖由那個時候開始，以低價入了不少貴價錶，而錶不同於服裝，有保值甚而升值作用。當手錶流當，當舖以二手市價將手錶重新推出市場時，盈利十分豐厚。一旦這個二手錶市場確立以後，那麼，無論社會如何變遷，行業如何式微，當舖肯定站得住腳。

為什麼當舖好有人情味

如果細心留意，當舖業十分陽剛。經營當舖的、走入當舖的，無不是男性。這是一個由男人來牽動的經濟模式，講眼界、講兄弟、講膽色、講俠義。所以，最近由許鞍華導演拍出來的《黃金時代》，說到蕭紅的男人蕭軍，為蕭紅去當舖贖回棉袍，我看的一點也不感動，那是有前因的：

> 又摸一摸當票才走進院去。郎華（蕭軍）仍躺在床上，和我出來的時候一樣，他還不習慣於進當舖。他是在想什麼。拿包子給他看，他跳起來：
>
> 「我都餓啦，等你也不回來。」
>
> 十個包子吃去一大半，他才細問：「當多少錢？當舖沒欺負你？」
>
> 把當票給他，他瞧着那樣少的數目：
>
> 「才一元，太少。」

雖然說當得的錢少，可是又願意吃包子，那麼結果很滿足。他在吃包子的嘴，看起來比包子還大，一個跟着一個，包子消失盡了。

——〈當舖〉，蕭紅

這篇散文蕭紅寫她和蕭軍商量，誰拿蕭紅「新做起來，一次還沒有穿」的棉袍去典當。文首的開場白單刀直入一句「你去當吧！你去當吧，我不去！」說話的是蕭軍。從那一刻開始，我決定看不起這個男人。

一個要自己的女人走入當舖的男人，只能說，他不配當舖，連當舖都會來鄙視他。稍後的日子，另一位著名的中國現代作家，輕描淡寫，說出一個男人即使貧窮，應該有的表現：

除夕！趙子曰寂寞的要死了！躺在床上？外面聲聲的爆竹驚碎他的睡意！到街上去逛？皮袍子被歐陽天風拿走，大概是暫時放在典當舖；穿着棉袍上大街去，縱然自己有此勇氣，其奈有辱於人類何！桌上擺着三瓶燒酒，十幾樣乾果點心，沒心去動；為國家，社會起見，也是不去動好；不然，酒入愁腸再興了自殺之念，如蒼生何！

——《趙子曰》，老舍

而老舍筆下的歐陽天風，到當舖換了錢只不過去買醉，到他喝得東歪西倒在門口與洋車夫吵架時，小說中的主人翁趙子曰和另一位朋友又撲出去幫他付車資。

或許有讀者會覺得小說中的一班男人窩囊，頹廢，活脫是現代的宅男。但他們窮只管窮，卻仍是活得有盼望，有尊嚴，懂得自嘲的快樂着。窮是社會的錯，他們對社會的前進寄以厚望，在社會未能前進之前，他們相互依附着，以入當舖的豪情演活男子漢。

這種浪漫豪情承傳自詩聖杜甫。

朝回日日典春衣，每日江頭盡醉歸。

酒債尋常行處有，人生七十古來稀。

穿花蛺蝶深深見，點水蜻蜓款款飛。

傳語風光共流轉，暫時相賞莫相違

這是杜甫《曲江二首》的第二首。寫於公元758年暮春。杜甫時任左拾遺，正值安史之亂，杜甫上疏救房琯，觸怒唐肅宗而被後者疏遠。失意的左拾遺只好寄情山水，日日在曲江流連，醉酒忘我。曲江位於長安城南朱雀橋之東，是唐代長安城最大的名勝風景。當時的詩聖，似乎對自身以至國家的前途未感樂觀。剛是暮春三月，他已將身上的春衣典去，春衣應穿在身上卻已入了當舖，可見，寒衣已一早典當淨盡，一件不留；但詩毫不介意，只隨心意而走，去到那兒當到那兒又飲到那兒，只因為人生七十古來稀。

他將縷縷愁思付於曲江，曲江有沒有為他洗滌淨盡？看來曲江無能為力！同年六月，詩聖便被貶為華州司功參軍，永遠離開朝庭！

細推物理須行樂，何用浮榮絆此身。——《曲江一》，杜甫我有一位世叔伯，生前不見得富有，甚而有點潦倒。到他身故，子女在他的衣物中找出一疊不屬於他的當票。他的子女非常生氣；很明顯，當家中沒有餘糧時，朋友用當票作抵押來借錢，他永不拒絕！

當舖真的好有情，一本書無法全記下，只能開一個頭，要繼續聽，繼續知，還靠你自己走入當舖賒借。

附錄：區區有當舖

九龍區

九龍城區

- 正昌
- 永生
- 利泰
- 信發
- 恒威
- 益昌
- 益豐
- 偉昌
- 祥利
- 紹昌
- 華安
- 榮生
- 榮泰
- 阜生（已結業）
- 龍生（已結業）

黃大仙區

- 大華
- 天興
- 永成
- 怡昌
- 東安
- 萬興
- 綸昌
- 寶生

觀塘區

- 三益
- 天安
- 天德
- 永德
- 祥發
- 華生
- 華發
- 貴仁
- 順發
- 榮信

深水埗區

- 大生
- 永豐
- 合發
- 同生
- 亨泰
- 南昌
- 南盛
- 富生
- 富華
- 順利
- 順泰
- 順興
- 福昌
- 廣和
- 德利
- 恒貞（已結業）
- 和興（已結業）

油尖旺區

- 大益
- 大發
- 大隆
- 中信
- 中寶
- 仁泰
- 友生
- 永利
- 永泰
- 永發
- 合成
- 同昌
- 同發
- 存德
- 利興
- 昇昌
- 昌興
- 明生
- 信昌
- 泰來
- 財陞
- 偉華
- 盛豐
- 祥信
- 祥興
- 通發
- 富榮
- 順昌
- 勤利
- 新昌
- 萬成
- 萬利
- 榮益
- 德生
- 興華
- 聯發
- 寶利
- 益生（已結業）
- 永寶（已結業）

大埔區

- 友安
- 天福
- 廣安
- 廣福
- 德昌
- 鴻華

屯門區

- 力生
- 友興
- 平安
- 永華
- 信安
- 致生
- 崇華

葵青區

- 天祥
- 成功

西貢區

- 華威
- 德安

元朗區

- 大成
- 大信
- 永益
- 永高
- 光華
- 同陞
- 偉信
- 祥盛
- 榮昌
- 富康
- 晉源（已結業）

北區

- 立生
- 恒華
- 振華
- 啟泰
- 通濟
- 順景
- 寶華
- 豐泰
- 永信（已結業）

沙田區

- 大榮
- 大興
- 永業
- 泰安
- 祥華
- 富安
- 港發
- 遇安

荃灣區

- 中和
- 中遠
- 成和
- 和合
- 荃富
- 盛豐
- 勝興
- 瑞昌
- 裕泰
- 豪華
- 龍昌
- 聯發
- 寶亨
- 寶興

中西區

- 永安
- 利昌
- 均益
- 泰昌
- 泰順
- 基華
- 榮德
- 德泰
- 德華
- 鴻發

灣仔區

- 全發
- 同德
- 同豐
- 和昌
- 金興
- 振安
- 義發
- 德興
- 潤發
- 耀昌
- 和豐
- 怡發
- 成隆
- 和昌（舊舖）

東區

- 中興
- 永亨
- 永和
- 永順
- 全興
- 成豐
- 信興
- 泰成
- 祥和
- 華榮
- 華豐
- 榮興
- 金華

南區

- 永富
- 利發
- 勝德
- 同昌（石柱遺跡）

香港區